생생한 LIVE 중국어

3

www.shinasa.co.kr

음성파일 MP3 무료다운로드

신아사

진광호

부산외국어대학교 중국학부

주홍

부산외국어대학교 중국학부

송지현

부산외국어대학교 중국학부

생생한 LIVE 중국어

초판 1쇄 발행 _ 2015년 2월 28일

저 자 • 진광호 · 주홍 · 송지현
발 행 인 • 정 현 걸
발 행 • 신 아 사
인 쇄 • 토탈프로세스
출판등록 • 1956년 1월 5일 (제9-52호)
주 소 • 서울특별시 은평구 통일로 59길 4
전 화 • 02)382-6411 · 팩스 02)382-6401
홈페이지 • www.shinasa.co.kr
E-MAIL • shinasa@daum.net

ISBN 978-89-8396-897-5(93720)

정가 *15,000*원

머리말

"Live 중국어 Ⅰ"과 "Ⅱ"를 출간하고 "Live 중국어 Ⅲ"을 출간하게 되었습니다. "Ⅰ"과 "Ⅱ"가 초급과 중급의 중간 단계였다면, "Ⅲ"은 중급에서 고급으로 넘어가는 시작 단계라 할 수 있을 것입니다. 기본 패턴은 "Ⅱ"와 같으나 "Ⅲ"에서는 문장의 수준과 어휘와 어법 등급도 한 단계 높여 고급을 지향하는 학생의 수준에 맞추도록 노력하였습니다. '주요표현과 문법' 부분을 가능한 이해가 편하도록 공식화하였고, 쉬운 설명으로 학습자가 회화와 어법을 동시에 학습할 수 있도록 하였습니다.

본 "Live 중국어 Ⅲ"은 다음의 몇 가지 부분에 초점을 맞추어 편찬 작업을 전개하였습니다.

첫째, 중급에 진입하여 고급을 지향하는 학습자를 대상으로 하였습니다. 따라서 앞의 "Ⅰ", "Ⅱ"와는 달리 새로운 낱말에만 발음과 성조를 달고 본문에는 달지 않았습니다. 따라서 가능한 중급자 이상이 사용할 수 있도록 구성하였습니다.

둘째, 읽기와 구별하여 회화 능력 향상을 위해 말하기 위주로 구성하였습니다..

셋째, 학습자의 수준에 맞는 어법등급과 어휘등급을 고려하여 어휘와 주요표현, 어법 항목을 선택하였습니다.

넷째, "Live 중국어"라는 책의 제목처럼 현재 중국에서 생생하게 통용되는 여러 표현의 예와 문형 구조를 선별하여 편하였습니다.

다섯째, 대학생 위주의 성인 학습자를 대상으로 한 학기 교재용으로 개발하였습니다.

여섯째, 단계별 학습을 위해 초, 중, 고급의 시리즈 편찬을 목적으로 하고 있습니다.

저희 집필진은 현대 중국어의 생생함을 살리고, 체계적 단계별 교육을 위한 작업으로 "Live 중국어 Ⅰ"과 "Ⅱ"를 출간한데 이어 3단계로 "Live 중국어 Ⅲ"을 출간하게 되었습니다. 지속적으로 수준과 단계에 맞는 내용으로 마지막 Ⅳ도 집필하여 출간할 계획입니다. 보다 알찬 내용의 교재 편찬을 위해 갖은 노력을 다 할 것입니다. 부디 독자 여러분들의 애정 어린 관심과 따뜻한 조언을 부탁드립니다.

끝으로 본 교재의 출간을 위해 물심양면 많은 노력과 지원을 해주신 신아사 여러분들께 거듭 감사의 말씀을 드립니다.

2015년 2월

집필진 일동 拜上

CONTENST

이 책의 구성

1 새로운 낱말

본문에 나오는 새 낱말과 구에 해당하는 어휘의 발음과 의미를 제시하였다.

2 표현 익히기

대화의 언어 환경을 고려하여 필수적으로 익혀야 할 표현들을 주로 다루며, 이들 표현에서 틀리기 쉽거나 어려워하는 어휘로 문장을 구성할 수 있도록 하였으며, 학습자가 주요 표현을 반드시 익히고 본문을 배울 수 있도록 구성하였다.

3 주요표현과 문법

본문에서 다루어진 필수적인 문법항목과 그 문법항목을 활용시 필요한 단어나 주요표현을 본문보다 먼저 배우고 본문을 배울 수 있도록 구성되어 있다. 이와 같이 수업이 진행된다면 문법도 효율적으로 익히고 본문에서 활용할 수 있으리라 여겨진다. 이 부분이 본 교재의 장점이다.

4 본문

중국어로 의사소통 할 때 가장 필수적이면서 자주 사용되는 표현들을 주제별로 구성하여 본문을 구성하였다. 주제에 따라 본문의 2단원으로 구분하여 상황에 맞게 회화를 구성하였다.

5 어휘활용과 비교

언어학습에 있어 가장 중요한 것은 단어의 정확한 뜻을 알고 적절한 어휘를 적시적소에 구사할 수 있는 능력이다. 이에 학생들이 많이 헷갈릴 수 있는 동의어나 유의어들을 비교 · 정리하였다.

6 연습문제

연습문제는 일반연습(연습문제)와 심화연습(workbook)으로 구분하여 실었다. 듣기, 말하기, 읽기, 쓰기 등 언어의 4가지 기능을 골고루 고려하여 본문내용을 토대로 연습이 이루어지고, 문화요소를 고려한 문제를 심화연습에 적절히 배정하였다.

학습목표

	주요 표현	문법 포인트
제 1 과	迎新会的会场准备好了吗? 신입생 환영회 장소는 준비되었나요?	
학습 목표	결과표현 방향표현 당위표현 판단표현 1	결과보어 "好" 방향보어 "来/去" 조동사 "应该" 동사 "看"
제 2 과	你参加什么社团的活动? 너는 무슨 동아리 활동에 참여하니?	
학습 목표	판단표현 2 판단표현 3 겸어표현 동시충족표현	"看上去" "算是" 겸어문 "既~又~"
제 3 과	你会打乒乓球吗? 너는 탁구 칠 줄 아니?	
학습 목표	이합사표현 방향보어의 파생의미 1 정도표현 전환표현	동빈이합사 "~起来" 정도보어 "一些、一点、多" "但是"
제 4 과	你最近在忙什么呢? 너 요즘 뭐하느라 바빠?	
학습 목표	가능표현 점층표현 방향보어의 파생의미 2 전환표현	여러 가지 가능보어 접속사 "而且" "~起来" "虽然"
제 5 과	我送你去机场。내가 너를 공항까지 배웅할게.	
학습 목표	형용사중첩표현 제한표현 인용표현 이중목적어표현	형용사의 중첩형식 부사 "才" 직접인용과 간접인용 이중목적어문
제 6 과	复习	
학습 목표	1 ~ 5과의 표현을 복습하기	1 ~ 5과의 문법을 복습하기

	주요 표현	문법 포인트
제 7 과	你喜欢什么类型的女孩子? 너는 어떤 스타일의 여자친구를 좋아하니?	
학습 목표	선택제한표현 목적어표현 반문 및 부정표현 '편리, 편의'의 의미	부사 "只好" "把" 자문(처치문) "什么" "好"
제 8 과	我应该怎么向她表白? 나는 그녀에게 어떻게 고백해야 할까?	
학습 목표	방향보어의 파생의미 3 피동표현 시기표현 대상표현	"~出来" "被" 자문(처치문) "以前, 以后" 전치사 "向、对、跟、和"
제 9 과	他是很有责任心的人。그는 아주 책임감이 있는 사람입니다.	
학습 목표	인과표현 관련대상표현 견해 및 주장표현 범위표현	접속사 "所以" "对~来说" "觉得、想、看、认为、主张" "在~方面"
제 10 과	来韩国旅游的中国人越来越多了。한국으로 여행 오는 중국인들이 갈수록 많아집니다.	
학습 목표	시도표현 변화추세표현 강조표현 제외표현	"~看、~看看" "越来越~" "是~的" 강조구문 "除了~还~"
제 11 과	你信什么宗教? 당신은 무슨 종교를 믿나요?	
학습 목표	정반사표현 접속표현 이유를 묻는 표현 (가벼운) 전환표현	동의어나 반의어로 이루어진 명사들 부사 "就" "干嘛" 부사 "只是"
제 12 과	复习	
학습목표	7 ~ 11과의 표현을 복습하기	7 ~ 11과의 문법을 복습하기

일러두기

1 이 책은 한국을 배경으로 실제 대학생을 주인공으로 하여 구성되었다.

2 등장인물

강한빈(姜韩斌) : 한국인, 창원거주.
김지은(金知恩) : 한국인, 부산 해운대 거주.
이 준(李 俊) : 중국인, 북경에서 한국으로 유학 온 유학생.
국제 무역 전공, 기숙사 거주.
오소영(吴小莹) : 중국인, 상해에서 한국으로 유학 온 유학생.
한국어 연수, 기숙사 거주.

3 주요 상황

새 학기가 시작되고 한빈이는 신입생 환영회 준비를 책임지게 된다. 한국대학의 많은 동아리 활동 중 소영이는 자원봉사 동아리에 가입해 활동하던 중 아버지가 편찮으시단 소식에 중국에 다녀온다.
중간고사가 끝나고 몇몇 친구들은 등산을 가기로 약속하고, 소영이를 좋아하는 한빈이는 고백하기 위해 지은이에게 자문을 구한다.
한편 롯데면세점의 채용공고에 소영이는 면접을 준비한다.

중국어의 품사는 다음과 같이 약자로 표시한다.

명	명사	접	접속사	양	양사
고유	고유명사	대	대명사	조	조사
형	형용사	의대	의문대명사	조동	조동사
동	동사	전	전치사	감	감탄사
부	부사	수	수사	어기	어기조사

생생한

LIVE 중국어

3

www.shinasa.co.kr

음성파일 MP3 무료다운로드

01

迎新会的会场准备好了吗?

신입생 환영회 장소는 준비되었나요?

학습목표

결과표현	결과보어 "好"
방향표현	방향보어 "来/去"
당위표현	조동사 "应该"
판단표현 1	동사 "看"

새로운 낱말

学弟	xuédì	명 남자 후배
学妹	xuémèi	명 여자 후배
学长	xuézhǎng	명 선배
迎新会	yíngxīnhuì	명 신입생 환영회
会场	huìchǎng	명 회의장, 집회장소
音响	yīnxiǎng	명 음향
确认	quèrèn	동 확인하다
会议	huìyì	명 회의
程序	chéngxù	명 순서, 단계
文件	wénjiàn	명 서류, 공문
通知	tōngzhī	명, 동 통지, 통지하다, 알리다
外籍教师	wàijíjiàoshī	명 외국인 교사
参加	cānjiā	동 참여하다
现在	xiànzài	명 지금, 현재
座位	zuòwèi	명 좌석

새로운 낱말

也许	yěxǔ	부 어쩌면, 아마도
够 / 不够	gòu / búgòu	형 족하다 / 부족하다
另外	lìngwài	부 그 밖에, 별도로
一些	yìxiē	수 약간, 조금
椅子	yǐzi	명 의자
辛苦	xīnkǔ	형 고생스럽다, 수고하다
应该	yīnggāi	조동 …해야 한다
开玩笑	kāi wánxiào	동 농담하다, 놀리다
还是	háishì	부 여전히, 역시
联络	liánluò	동 연락하다
开学	kāixué	동 개강하다, 개학하다
学生会	xuéshēnghuì	명 학생회

표현 익히기 주요 표현을 함께 만들어 보아요.

1 외국인교수님도 참석해 주세요.

[ ] 外籍教师也 [ ] 参加。

Qǐng lái

2 우리가 빌린 교실이 그다지 크지 않아서 아마 좌석이 충분하지 않을 거야.

我们借的教室不太大 [ ] 座位会不够。

yěxǔ

3 정말 오랜만이야.

______ 是好久不见。

Zhēnde

4 나를 놀리지 마.

______ 开我的玩笑。

Bié

주요표현과 문법 1

1. 결과표현: "动词 + 好 + 了"

"好"는 일부동사 뒤에 쓰이는 결과보어로 동작이 긍정적으로 잘 마무리되었음을 나타낸다. 문미에 주로 완성을 나타내는 조사 了를 붙여 사용한다.

긍정식: 动词 + 好 + 了 부정식: 没 + 动词 + 好 정반의문식: 动词 + 好 + 了 + 吗

迎新会的会场**准备好了**吗?

我回到家时, 妈妈已经**做好了**晚饭在等我。

我和李俊**约好了**这个周末一起去看电影。

我昨天晚上**没睡好**, 现在有点儿头疼。

2. 방향표현: 借一些椅子来

"来"는 동작의 방향이 화자를 향함을 나타내고, "去"는 그 반대방향을 나타낸다. 만약 동사 뒤의 목적어가 있을 경우 목적어의 위치에 특히 주의해야 한다.

(1) 사물을 나타내는 목적어인 경우: '동사 + 목적어 + 来' or '동사 + 来 + 목적어'

明天**借**一些椅子**来**, 座位不够的话可以用。

妈妈给我**寄来**了一件新衣服。

妈妈给我**寄**了一件新衣服**来**。

(2) 장소를 나타내는 목적어인 경우: '동사 + 목적어 + 来'

欢迎你**到**北京**来**。(到来北京。×)

他很快就**爬上**山顶**去**了。(爬上去山顶了。×)

老师走**进**教室**来**。(老师走**进来**教室。×)

본문 1

(신입생 환영회를 한빈이가 책임지고 준비하게 되었다.)

学弟、学妹 : 学长, 你好!

姜韩斌 : 你们好! 迎新会的会场准备好了吗?

学　妹 : 准备好了。

学　弟 : 会场的音响已经确认好了。

会议的程序文件也确认了一遍, 没有问题。

姜韩斌 : 还要通知几位外籍教师, 请他们也来参加。

学　妹 : 我现在就去通知。

学　弟 : 学长, 我们借的教室不太大, 也许座位会不够。

姜韩斌 : 另外借一些椅子来, 座位不够的话可以用。

学　弟 : 那下午我就去借。

姜韩斌 : 好, 辛苦你们。

주요표현과 문법 2

1. 당위표현: "应该"

당위의 의미를 나타낸다. 부정형식은 "不应该"이다.

我也**应该**叫你学长吧。

作为公民, **应该**遵守国家的法律。

学生**应该**按时完成作业。

你**不应该**在教室里抽烟。

2. 판단표현: "看~"

"看"은 어떠한 상황에 근거하여 판단하거나 결론냄을 나타낸다.

看你这么忙, 都没时间跟我联络吧。

看你脸色这么不好, 是不是哪里不舒服?

看他高兴的样子, 好像是得了奖一样。

能不能去爬山, 要**看**明天的天气怎么样。

본문 2

金知恩 : 你好, 好久不见!

姜韩斌 : 知恩, 真的是好久不见。

金知恩 : 我也应该叫你学长吧。

姜韩斌 : 你别开我的玩笑, 还是叫我韩斌吧。

金知恩 : 看你这么忙, 都没时间跟我联络吧。

姜韩斌 : 不好意思, 最近是很忙。刚开学, 要准备迎新会。

金知恩 : 你是上学期开始参加学生会工作的吧。

姜韩斌 : 是。今天晚上的迎新会, 你也来参加吧。

金知恩 : 好呀, 我叫上吴小莹一起去。

姜韩斌 : 那太好了。

어휘활용과 비교

◈ 真 & 真的

— "真"은 정도부사로 그 정도가 매우 높음을 나타내며 주로 감탄문에 많이 쓰인다. 일반적으로 사물이나 상황에 대한 감탄을 나타내며 표현상 현장감이나 情景感을 가진다. "很、非常、特別、最" 등과 그 용법이 같으나, 이러한 단어들과 함께 쓸 수 없으며, 또한 단독으로도 사용할 수 없다.

— "真的" 역시 정도가 높음을 나타내지만, "真"과는 달리 "很、非常、特別、最" 등의 부사와 함께 쓸 수 있다. 감탄을 나타내는 것 외에 "真的"는 또한 진실성이나 어떠한 사실에 대한 진행을 확인하는 의미도 포함하고 있으며, 대화 중에 단독으로 사용 가능하다.

例: ① 金知恩: 你好, 好久不见!

姜韩斌: 知恩, **真的**是好久不见。(지은의 말을 확인)

② 海云台的夜景**真**漂亮啊! (현장이나 회상에 대한 감탄)

③ 名不虚传, 海云台的夜景**真的**非常漂亮。(확인)

④ 我去过上海, 上海的夜景**真的**很漂亮。(지난 일의 확인)

⑤ 儿子: 妈妈, 这次考试我得了100分。

妈妈: **真的**! 太好了! (확인)

연습문제

01 녹음을 듣고 다음 단어에 해당하는 한자를 쓰십시오.

(1) quèrèn

(2) chéngxù

(3) tōngzhī

(4) cānjiā

(5) yīnggāi

(6) liánluò

02 다음 틀린 문장을 바르게 고치십시오.

(1) 他很快进去就教室了。

(2) 我去图书馆借一些来书。

(3) 五六岛真风景的漂亮。

연습문제

03 알맞은 표현을 빈칸에 쓰십시오.

真的， 应该， 不够， 看

(1) 这里只有10个面包, 可能 ______ 你们吃吧。

(2) 毕业以前, 我们 ______ 得考上HSK5级。

(3) ______ 你这么累, 是不是昨天打工了?

(4) 我学过书法, 学书法 ______ 很难, 不过, 很有意思。

WORKBOOK

01 다음 대화를 듣고 맞는 표현을 쓰십시오.

(1) A : 迎新会的会场 ________ 好了吗?

B : 都准备好了。

(2) A : 我姐姐给我 ________ 了两件衣服。

B : 是吗? 很羡慕你。

(3) A : 你好, 好久不见。

B : 韩斌, ________ 是好久不见。

02 다음 표현들을 어순에 맞게 쓰십시오.

(1) 广安大桥 / 夜景 / 的 / 漂亮 / 真

____

(2) 我 / 睡 / 昨天晚上 / 好 / 没

____

(3) 学妹 / 你们 / 应该 / 我们 / 叫

____

03 다음 문장을 중국어로 바꾸어 보십시오.

(1) 그가 기뻐하는 모습을 보니까 시험 잘 본 것 같아.

(2) 부산에 오신 것을 환영합니다.

(3) 내일 학생회의에 함께 참가 할까요?

02

你参加什么社团的活动?

너는 어느 동아리 활동에 참여하니?

학 습 목 표

판단표현 2	"看上去"
판단표현 3	"算是"
겸어표현	겸어문
동시충족표현	"既~又~"

새로운 낱말

刚才	gāngcái	명 지금, 막
讲台	jiǎngtái	명 교단, 강단
有条有理	yǒutiáoyǒulǐ	성어 논리 정연하다
口才	kǒucái	명 말재주, 말솜씨
出汗	chūhàn	동 땀이 나다
其实	qíshí	부 사실
紧张	jǐnzhāng	형 긴장하다, 불안하다
镇定	zhèndìng	형 침착하다, 냉정하다
组织	zǔzhī	동, 명 조직하다, 조직
差错	chācuò	명 착오, 실수
顺利	shùnlì	형 순조롭다
结束	jiéshù	동 끝나다, 마치다
休息	xiūxī	동 쉬다, 휴식하다
比较	bǐjiào	부 비교적
轻松	qīngsōng	형 수월하다, 부담이 없다
社团	shètuán	명 서클, 동아리

새로운 낱말

宣传周	xuānchuánzhōu	명 선전주간
招收	zhāoshōu	동 모집하다
团员	tuányuán	명 단원
尽快	jǐnkuài	부 되도록 빨리
提高	tígāo	동 제고하다, 향상시키다
加入	jiārù	동 가입하다, 참여하다
翻译协会	fānyìxiéhuì	명 번역협회
小组	xiǎozǔ	명 그룹, 소모임
义工团	yìgōngtuán	명 자원봉사단
利用	lìyòng	동 이용하다
比如	bǐrú	부 예를 들어, 예컨대
~等	~děng	접미 ~등
福利院	fúlìyuàn	명 양로원, 경로당
老人	lǎorén	명 노인
了解	liǎojiě	동 이해하다, 자세히 알다

표현 익히기

주요 표현을 함께 만들어 보아요.

1 사실 나는 너무 긴장됩니다.

_____ 我很紧张。

Qíshí

2 이번 주말은 비교적 한가합니다.

这个周末 _____ 轻松。

bǐjiào

3 그때 나는 되도록 빨리 한국어를 향상시키고 싶었습니다.

那时我想 ______ 提高韩国语。

jǐnkuài

4 예를 들어 복지관에 노인들을 도와주러 가는 것 등입니다.

______ 去福利院帮助老人 ______ 。

Bǐrú děng

주요표현과 문법 1

1. 판단표현: "看上去"

"看上去"는 표면적인 모양이나 상황에 근거하여 판단함을 나타낸다.

你**看上去**很镇定。

他**看上去**有四十多岁。

他**看上去**很像中学生, 其实是大学生。

这些假花儿**看上去**像是真的一样。

2. 판단표현: "算是"

"~라고 할 수 있다", "~라 칠 수 있다"라는 뜻이다. "是"는 객관적인 판단을 나타낸다면, "算是"는 비교적 주관적이거나 개인의 판단을 강조한다.

今天的迎新会**算是**很顺利了。

他**算是**很聪明的人。

我觉得这不能**算是**他的错。

这**算是**很简单的问题。

본문 1

(신입생 환영회가 끝난 후)

金知恩 : 你刚才在讲台上说得有条有理的, 很有口才呀!

姜韩斌 : 其实我很紧张, 你看我出了很多汗。

吴小莹 : 不过你看上去很镇定。来, 喝一点儿水吧。

姜韩斌 : 谢谢你, 小莹。

金知恩 : 你们要组织这样的活动, 还真是很辛苦啊!

姜韩斌 : 今天没有出什么差错, 算是很顺利了。

金知恩 : 迎新会顺利结束, 你可以休息一下了吧。

姜韩斌 : 这个周末比较轻松。下星期是学生社团宣传周, 还是会很忙的。

주요표현과 문법 2

1. 겸어문

겸어문은 중국어 중에서도 비교적 특수한 문형이다. 여기에서 겸어란 앞 동사의 목적어가 되는 동시에 뒷 동사의 주어가 되는 단어를 가리킨다. 동사 "有"는 겸어문을 만들어 낼 수 있으며, 일부 '사역'의 의미를 가지는 동사들 역시 겸어문을 만들 수 있다.

社团宣传周有**很多学生社团**在招收新团员。

我有**一个中国朋友**叫李俊。

我们想请**外籍教师**也来参加。

妈妈叫**妹妹**早点儿起床。

2. 동시충족표현: "既~又~"

두 가지 상황을 동시에 겸함을 나타낸다.

你来参加的话, **既**能认识很多韩国朋友, **又**能了解韩国社会。

他妹妹**既**聪明**又**漂亮。

他**既**会说汉语, **又**会说英语。

我们**既**不能同意, **又**不能反对, 真是进退两难。

본문 2

吴小莹：我记得去年的社团宣传周，有很多学生社团在招收新团员。

金知恩：你参加了什么社团的活动？

吴小莹：那时我想尽快提高韩国语，就加入了翻译协会，
参加中韩翻译小组的活动。

金知恩：我是社会义工团的团员，你要不要来参加我们的活动？

吴小莹：你们有哪些活动呢？

金知恩：我们利用周末和假期做很多社会义务工作，比如去福利院帮助老人等。你来参加的话，既能认识很多韩国朋友，又能了解韩国社会。

吴小莹：好呀，我也参加吧。

어휘활용과 비교

◈ 尽

"尽"은 온갖 노력을 다해 최대의 한도에 이름을 나타내며, "尽量、尽可能" 등으로 주로 사용된다. 이 외에도 "尽快、尽早、尽心尽力、尽职尽责、尽最大的努力" 등의 표현방식도 있다.

我想**尽量**在星期五做完, 周末就可以休息了。

我们**尽可能**不要打扰别人。

我想**尽快**提高韩国语, 就加入了翻译协会。

也许路上会堵车, 我们**尽早**出发吧。

教师的工作是**尽心尽力**地教好学生。

他是一位**尽职尽责**的好老师。

我会**尽最大的努力**做好这个工作。

연습문제

01 녹음을 듣고 다음 단어에 해당하는 한자를 쓰십시오.

(1) zhèndìng

(2) shùnlì

(3) qīngsōng

(4) shètuán

(5) zhāoshōu

(6) jǐnkuài

02 다음 틀린 문장을 바르게 고치십시오.

(1) 我很想其实休息。

(2) 我们出发尽早吧。

(3) 学校社团很多学生在招收有新团圆。

연습문제

03 알맞은 표현을 빈칸에 쓰십시오.

叫， 看上去， 尽快， 算是

⑴ 我想 ________ 考过HSK 5 级。

⑵ 老师 ________ 我们明天早点儿来上课。

⑶ 这次考试的问题 ________ 很容易的。

⑷ 小莹的妈妈 ________ 很年轻。

WORKBOOK

01 다음 대화를 듣고 맞는 표현을 쓰십시오.

(1) A : 你参加了什么 ________ 的活动?

B : 我参加了福利院的活动。

(2) A : 你刚才会话比赛说得很好呢。

B : ________ 我很紧张。

(3) A : 知恩 ________ 很不舒服的样子。

B : 她太忙了, 需要多休息。

02 다음 표현들을 어순에 맞게 쓰십시오.

(1) 聪明 / 又 / 他妹妹 / 既 / 漂亮

____

(2) 我 / 法国朋友 / 一个 / 大卫 / 有 / 叫

____

(3) 在 / 周末 / 我想 / 尽量 / 报告 / 做完

____

03 다음 문장을 중국어로 바꾸어 보십시오.

(1) 그때 되도록 빨리 중국어 향상시키고 싶었다.

(2) 이번 주말은 비교적 느긋한 편이다.

(3) 그는 똑똑한 사람이라 할 수 있다.

03

你会打乒乓球吗?

너는 탁구 칠 줄 아니?

학 습 목 표

이합사표현	동빈이합사
방향보어의 파생의미 1	"~起来"
정도표현	정도보어 "一些、一点、多"
전환표현	"但是"

새로운 낱말

脸色	liǎnsè	명 안색, 얼굴빛
生病	shēngbìng	동 병이 나다
感冒	gǎnmào	동, 명 감기에 걸리다, 감기
喉咙	hóulóng	명 목구멍, 인후
疼	téng	형 아프다
咳嗽	késòu	동 기침하다
厉害	lìhài	형 대단하다, 심하다
看病	kànbìng	동 진찰하다, 치료하다
医院	yīyuàn	명 병원
医生	yīshēng	명 의사
开药	kāiyào	동 약을 짓다
忽冷忽热	hūlěnghūrè	성어 갑자기 추웠다 더웠다 하다
流感	liúgǎn	명 유행성 감기
换季	huànjì	동 계절이 바뀌다
~起来	~qǐlái	동 ~하기 시작하다

새로운 낱말

体质	tǐzhì	명 체질
弱	ruò	형 약하다, 허약하다
经常	jīngcháng	부 언제나, 늘, 항상
免疫力	miǎnyìlì	명 면역력
羡慕	xiànmù	동 부러워하다, 흠모하다
擅长	shàncháng	동 (어떤 방면에) 뛰어나다
乒乓球	pīngpāngqiú	명 탁구
体育	tǐyù	명 체육
好处	hǎochù	명 장점, 뛰어난 점

표현 익히기

주요 표현을 함께 만들어 보아요.

1 목구멍이 너무 아프고, 기침도 아주 심해요.

喉咙很疼，还咳嗽 ______ 很 ______。

de lìhai

2 봄가을 환절기 때나 감기가 유행할 때 나는 병에 잘 걸려.

春秋这样换季的时候，______ 有流感的时候，我都会生病。

huòzhě

3 내가 보기에 너는 운동을 잘 안해.

我看你 ________ 运动。

hěn shǎo

4 나는 운동신경이 뛰어난 사람이 매우 부러워.

我也很 ________ 擅长运动的人。

xiànmù

주요표현과 문법 1

1. 이합사

중국어의 일부 어휘는 동작(동사)과 대상(명사)을 포함하는 "동사 + 목적어"구조를 갖는다. 이 둘은 종종 분리되어 그 중간에 상태조사나 대상, 보어 등을 넣어 사용하기도 한다. 이러한 어휘들을 "离合词"라 한다. 开药、出汗、见面、游泳、说话、洗澡、帮忙、考试、下雨、唱歌、生气、生病、看病 등은 모두 이합사이다.

医生给我**开**了一点儿**药**。

你看我**出**了很多**汗**。

我跟他**见**过一次**面**。

他**帮**了我很多**忙**。

洗完澡我要好好儿**睡一觉**。

他在**生**谁的**气**?

2. 방향보어의 파생의미: "~起来"

"起来"는 동사 뒤에 쓰여 동작이 낮은 곳에서 높은 곳을 향함을 나타내다. 그러나 "起来"가 보어로 쓰이면 많은 파생의미를 갖는데, 상황이 변화됨을 표현하거나 동작이 시작됨을 나타내기도 한다. 만역 동사 뒤에 비교적 간단한 목적어가 따른다면 반드시 목적어의 위치에 주의하여야 한다.

希望你赶快**好起来**。 (좋아짐. 변화)

天气一天一天**暖和起来**了。 (따뜻해짐. 변화)

我都不记得他叫什么名字了, 昨天突然**想起来**他叫李韩斌。(생각남. 변화)

她一**说起**孩子**来**就没完没了。 (시작)

她高兴得**唱起**歌**来**了。 (시작)

본문 1

(기숙사에서)

李　俊 : 小莹, 你看上去脸色不太好, 生病了吗?

吴小莹 : 我感冒了, 喉咙很疼, 还咳嗽得很厉害。

李　俊 : 你去看病了吗?

吴小莹 : 我昨天去了医院, 医生给我开了一点儿药。

李　俊 : 最近天气不好, 忽冷忽热的。

吴小莹 : 春秋这样换季的时候, 或者有流感的时候, 我都会生病。

李　俊 : 你吃了药, 好好儿休息, 还要多喝水。希望你快点儿好起来。

吴小莹 : 谢谢你。

주요표현과 문법 2

1. 정도보어: "一些、一点儿、多"

형용사나 동사술어 뒤에 쓰여 정도를 나타내는 보어로 쓰인다.

你感冒好**一些**了吗?

能不能再便宜**一点儿**?

你妹妹比以前漂亮**多**了。

你变**多**了, 我都快不认识你了。

2. 전환표현: "但是"

접속사 "但是"는 전환의 의미를 나타낸다. "不过"와 용법이 같지만, 전환의 의미는 "但是"가 더욱 강하다.

我也很羡慕擅长运动的人, **但是**不知道我能做些什么运动才好。

小莹会打乒乓球, **但是**打得不好。

他不算是很聪明, **但是**非常刻苦努力。

我弟弟考上了北京大学, **但是**却中途退学了。

본문 2

李　俊：你感冒好一些了吗?

吴小莹：好多了。喉咙已经不疼了。

李　俊：我看你很少运动。

吴小莹：我从小体质就很弱，经常生病，不喜欢运动。

李　俊：我觉得你应该经常做一些运动，这样能提高免疫力。

吴小莹：我也很羡慕擅长运动的人，但是不知道我能做些什么运动。

李　俊：你会打乒乓球吗?

吴小莹：小时候上体育课时学过。

李　俊：我和几个朋友每周五下午都一起打乒乓球，你也来参加吧。

吴小莹：但是我打得不好。

李　俊：打得好不好没关系，每周有一点儿运动，对你有好处。

연습문제

01 녹음을 듣고 다음 단어에 해당하는 한자를 쓰십시오.

(1) liǎnsè

(2) lìhai

(3) kāiyào

(4) huànjì

(5) xiànmù

(6) shàncháng

02 다음 틀린 문장을 바르게 고치십시오.

(1) 他帮了我忙很多。

(2) 我看你学习很少。

(3) 他感冒经常。

연습문제

03 알맞은 표현을 빈칸에 쓰십시오.

一点儿，　厉害，　但是，　起来

(1) 李俊感冒了，咳嗽得很 ______ 。

(2) 我现在才想 ______ ，明天要考听写。

(3) 小莹会做包子， ______ 做得不太好。

(4) 请问，这支笔能不能再便宜 ______ ？

WORKBOOK

01 다음 대화를 듣고 맞는 표현을 쓰십시오.

(1) A : 你感冒好 ______ 了吗?

B : 好多了, 谢谢你的关心。

(2) A : 我看你很少运动。

B : 我 ______ 生病, 所以不喜欢运动。

(3) A : 你会打羽毛球吗?

B : 会, ______ 打得不好。

02 다음 표현들을 어순에 맞게 쓰십시오.

(1) 赶快 / 希望 / 你 / 起来 / 好

______

(2) 我 / 一次 / 见过 / 面 / 跟 / 他 / 在 / 老师办公室

______

(3) 变 / 漂亮 / 知恩 / 了 / 多

______

03 다음 문장을 중국어로 바꾸어 보십시오.

(1) 요즘 날씨가 별로 좋지 않아요, 기온변화가 심해요.

(2) 그가 나에게 많이 도움을 주었다.

(3) 나는 운동을 잘하는 사람을 아주 부러워한다.

04

你最近在忙什么呢?

너 요즘 뭐하느라 바쁘니?

학 습 목 표

가능표현	여러 가지 가능보어
점층표현	접속사“而且”
방향보어의 파생의미 2	“~起来”
전환표현	“虽然”

새로운 낱말

影子	yǐngzi	명 그림자
帮助	bāngzhù	동, 명 돕다, 원조하다, 도움
残障	cánzhàng	명 장애, 장애인
儿童	értóng	명 어린이, 아동
场	chǎng	양 번, 차례(문예 · 오락 · 체육활동 등)
需要	xūyào	동 필요하다
而且	érqiě	접 게다가, 뿐만 아니라
发现	fāxiàn	동 발견하다
乐观	lèguān	형 낙관적이다
开朗	kāilǎng	형 명랑하다, 활동적이다
让	ràng	전 …에 의해서 …되다
感动	gǎndòng	형, 동 감동하다, 감격하다
问卷	wènjuàn	명 설문조사, 앙케이트
调查	diàochá	동, 명 조사하다, 조사
选	xuǎn	동 선택하다

새로운 낱말

基本	jīběn	형 기본적인, 중요한
方法	fāngfǎ	명 방법, 방식
先	xiān	부 먼저
设计	shèjì	동, 명 설계하다, 디자인
分析	fēnxī	동 분석하다
结果	jiéguǒ	명 결과
一般	yìbān	부, 형 일반적인, 일반적이다, 보통이다
旅游	lǚyóu	명, 동 여행하다, 관광하다
商品	shāngpǐn	명 상품
免税店	miǎnshuìdiàn	명 면세점
虽然	suīrán	부 비록 …하지만
将来	jiānglái	명 장래, 미래
毕业	bìyè	동, 명 졸업하다, 졸업
论文	lùnwén	명 논문

표현 익히기

주요 표현을 함께 만들어 보아요.

1 아무리 피곤해도 괜찮아.

_____ 辛苦 _____ 没关系。

Zài yě

2 사람을 참 감동하게 해.

很 _____ 感动。

ràngrén

3 나는 설문조사 하느라 바빠.

我在 ______ 做问卷调查。

mángzhe

4 후에 우리가 졸업논문을 쓸 때 필요할 거야.

将来我们写毕业论文时会 ______ 。

yòngdeshàng

주요표현과 문법 1

1. 가능표현: 가능보어

가능보어는 동작의 실현 혹은 어떠한 결과를 달성할 수 있는지에 대한 가능여부를 나타낸다. 가능보어를 만들 수 있는 어휘들은 다양한데, “到、见、着、成、上” 등은 동작의 실현을 나타내고, “完、了” 등은 동작의 결과를 나타낸다. “到”를 이용하여 고정형식을 나타내면 다음과 같다.

긍정식: “동사 + 得 + 到”

부정식: “동사 + 不 + 到”

정반의문문: “동사 + 得 + 到 + 동사 + 不 + 到”

周末都**看不到**你的影子。

将来我们写毕业论文时会**用得上**。

我在家里找手机, 怎么找也**找不着**, 原来是丢在教室里了。

这本书我们一个学期可能**学不完**。

这么多菜, 我一个人怎么**吃得了**?

他的声音你**听得见听不见**?

2. 점층표현: “而且”

접속사 “而且”는 복문을 이루는 뒷 문장을 이끌며 점층의 의미를 나타낸다.

我觉得他们真的很需要帮助, **而且**我发现他们其实很乐观开朗, 很让人感动。

他很聪明, **而且**非常刻苦努力, 当然能考上名牌大学。

她会说日语, **而且**说得像日本人一样流利。

上个周末没有作业, **而且**天气非常好, 我就跟朋友一起去庆州玩了一天。

본문 1

李　俊 : 你最近在忙什么呢? 周末都看不到你的影子。

吴小莹 : 我参加社会义工团的活动, 周末去做义工。

李　俊 : 是嘛! 做义工怎么样?

吴小莹 : 上周末我们是帮助残障儿童, 陪他们去图书馆, 还一起去看了一场电影。

李　俊 : 一定很辛苦吧。

吴小莹 : 再辛苦也没关系。我觉得那些残障儿童真的很需要帮助, 而且我发现他们其实很乐观开朗, 很让人感动。

李　俊 : 你们每个周末都去帮他们吗?

吴小莹 : 不是。我们下周末是去福利院帮助老人。

주요표현과 문법 2

1. 방향보어의 파생의미 2: "~起来"

"~起来"는 동사 뒤에 보어로 쓰여 추측이나 평가의 의미를 나타내기도 한다.

这门课**听起来**不容易呀。

很多事情都是**说起来**容易**做起来**难。

算起来我们认识已经五年了。

这个菜**看起来**很好吃, **吃起来**可不怎么样。

2. "虽然"

"虽然"은 일반적으로 복문을 이루는 앞 문장에 쓰이며, 어떠한 상황에 대한 허가를 나타낸다. 뒷 문장은 보통 전환의 의미를 나타내는데, 접속사 "但是、可是"나 부사 "却"와 호응하여 전환의 의미나 상황을 나타낼 수 있다.

(这门课)**虽然**不容易, **但是**将来我们要写毕业论文时会用得上。

他**虽然**很聪明, **但是**却不努力。

虽然事情已经过去很久了, **可是**我还是记得很清楚。

她**虽然**长得不算是很漂亮, **却**很有气质。

본문 2

吴小莹 : 你最近周末都干些什么呢?

李　俊 : 我周末忙着做问卷调查。

吴小莹 : 做什么问卷调查?

李　俊 : 是作业。

这学期我选了一门社会调查课, 问卷调查是最基本的方法。

吴小莹 : 问卷调查怎么做?

李　俊 : 要先设计问卷, 然后利用周末去做问卷调查, 做完还要分析调查的结果。

吴小莹 : 一般是去哪里做调查?

李　俊 : 那要看你调查的问题是什么。这次我是调查中国人喜欢的韩国旅游商品, 所以去百货店或免税店调查比较好。

吴小莹 : 这门课听起来不容易呀。

李　俊 : 虽然不容易, 但是将来我们写毕业论文时会用得上。

吴小莹 : 那下学期我也要选这门课。

어휘활용과 비교

◈ 让人~

"让人~"은 사역용법으로, 여기서 "人"은 관련있는 사람이나 임의의 누군가를 가리키며, 특정 인명이나 대사로도 바꿀 수 있다. "让人" 뒤에는 보통 "感动、高兴、羡慕、着急、担心、失望" 등 감정이나 정서를 나타내는 어휘들이 그 뒤를 따른다.

他的故事**让人感动**。

这真是个**让人高兴**的消息。

他一毕业就在三星公司工作了, 真**让人羡慕**!

我们等了半个小时她还没来, 真**让人着急**。

她的病请**让人担心**。

他的表现很**让人失望**。

연습문제

01 녹음을 듣고 다음 단어에 해당하는 한자를 쓰십시오.

(1) xūyào

(2) lèguān

(3) gǎndòng

(4) jīběn

(5) fēnxī

(6) bìyè

02 다음 틀린 문장을 바르게 고치십시오.

(1) 很感动让人。

(2) 再也辛苦没关系。

(3) 我做问卷在调查。

연습문제

03 알맞은 표현을 빈칸에 쓰십시오.

让人， 而且， 吃不完， 虽然

⑴ 这两斤的饺子我一个人 ________ 。

⑵ 火车就要开了，她还不来，真 ________ 着急！

⑶ 韩斌会说广东话，________ 说得像广东人一样流利。

⑷ 她汉语 ________ 说得很好，但是不爱学习。

WORKBOOK

01 다음 대화를 듣고 맞는 표현을 쓰십시오.

(1) A : 你最近周末都在忙什么呢?

B : 我忙着做 ______ 。

(2) A : 这门课怎么样?

B : 这门课 ______ 不容易, 但是对我们以后很有帮助。

(3) A : 他的声音你 ______ ?

B : 听得见呢。

02 다음 표현들을 어순에 맞게 쓰십시오.

(1) 都 / 看不见 / 你 / 周末 / 的 / 影子

______

(2) 真是 / 让人 / 这 / 消息 / 的 / 高兴

______

(3) 我们 / 论文 / 毕业 / 写 / 用得上 / 时 / 会

______

03 다음 문장을 중국어로 바꾸어 보십시오.

(1) 이 책은 아마도 한 학기 동안 다 못 배울 것 같아요.

(2) 롯데백화점에 면세점이 있다.

(3) 한자는 비록 어렵지만, 계속 배우면 재미있다.

05

我送你去机场。

내가 너를 공항까지 배웅할게.

학습목표

형용사중첩표현	형용사의 중첩형식
제한표현	부사 "才"
인용표현	직접인용과 간접인용
이중목적어표현	이중목적어문

새로운 낱말

匆匆忙忙	cōngcongmángmáng	형 매우 바쁘다
赶	gǎn	동 뒤쫓다, 서두르다
飞机	fēijī	명 비행기
着急	zháojí	형 조급해하다
送	sòng	동 보내다
机场	jīchǎng	명 공항
连	lián	동 이어지다, 연결하다
奇怪	qíguài	형 이상하다, 괴이하다
表哥	biǎogē	명 사촌 형(오빠)
住院	zhùyuàn	동 입원하다
胃病	wèibìng	명 위장병
平时	píngshí	명 평소, 평상시
抽烟	chōuyān	동 흡연하다
酒	jiǔ	명 술
担心	dānxīn	형 걱정하다, 염려하다

새로운 낱말

问题	wèntí	명 문제
一切	yíqiè	명 모두, 모든 것
出院	chūyuàn	동 퇴원하다
订	dìng	동 예약하다
机票	jīpiào	명 비행기표, 항공권
航班	hángbān	명 항공편
接	jiē	동 전화를 받다, 손님을 맞이하다
自	zì	전 …에서부터(书面语)
远方	yuǎnfāng	명 먼 곳, 먼 데

표현 익히기

주요 표현을 함께 만들어 보아요.

1 나는 오후 비행기를 타고(놓치지 않고) 돌아가려고 합니다.

我要 ______ 下午的飞机回去。

gǎn

2 아빠는 연이어 이틀 동안 나의 전화를 받지 않았습니다.

爸爸 ______ 两天都不接我的电话。

liánzhe

3 걱정을 끼쳐 죄송합니다.

不好意思, ______ 你担心了。

ràng

4 나는 모레 비행기 표를 예매했습니다.

我 ______ 了后天的机票。

dìng

주요표현과 문법 1

1. 형용사의 중첩형식

중국어의 일부 형용사는 중첩형식을 가지는데, 이는 술어를 생동감 있게 묘사하는 역할을 하며, 정도부사 등의 다른 수식은 받지 않는다.

단음절 형용사의 중첩: AA형식

이음절 형용사의 중첩: AABB or ABAB or ABB형식

你这么**匆匆忙忙**的, 是要去哪儿?

高高兴兴出门去, **平平安安**回家来。

她的手**冰凉冰凉**的。

春天的太阳**暖洋洋**的。(非常暖洋洋× 非常暖和○)

2. 제한표현: "才"

부사 "才"는 앞에서 어떠한 조건이나 원인을 나타내면 "才"가 그로 인해 일어나는 상황을 이끈다. 만약 조건을 강조하고자 한다면 "只有"와 "才"를 앞 뒤로 호응시켜 표현한다.

我给表哥打电话, **才**听说爸爸生病住院了。

一定要努力学习, **才**能取得好的成绩。

我要亲眼看到**才**相信。

只有一半以上的人赞同, 这个方案**才**能通过。

본문 1

姜韩斌：小莹，你这么匆匆忙忙的，是要去哪儿？

吴小莹：我要回上海。

姜韩斌：为什么回上海？

吴小莹：我爸爸生病了，我要赶下午的飞机回去。

姜韩斌：你不要着急，我送你去机场。

吴小莹：爸爸连着两天都不接我的电话。

我跟妈妈通话，妈妈只说爸爸不在家。

我觉得奇怪，就给表哥打电话，才听说爸爸生病住院了。

姜韩斌 : 是什么病?

吴小莹 : 说是胃病。

姜韩斌 : 你爸爸平时身体怎么样?

吴小莹 : 他平时身体很好, 不抽烟也不喝酒。

姜韩斌 : 你不要太担心, 我想不会有什么大问题的。

주요표현과 문법 2

1. 직접인용과 간접인용

중국어의 인용은 직접인용과 간접인용 두 가지 방식이 있다. 직접인용은 구두점과 대화의 대상에 주의해야 하며, 간접인용은 다른 사람의 말을 대신 전달하는 것으로 전달하는 대상과 인칭대명사에 주의해야 한다.

医生(对爸爸)说: "**你**的病好多了。"

医生(对小莹)说: "**你爸爸**的病好多了。"

医生说**他**好多了。(小莹对韩斌说)

医生说**您**好多了。(小莹对爸爸说)

2. 이중목적어문

중국어에서 일부 동사들은 두 개의 목적어를 가질 수 있다. "告诉、问、给、送、教、借、还" 등의 동사들은 모두 두 개의 목적어를 가지는 이중목적어 동사이다.

동사 + 간접목적어(사람목적어) + 직접목적어(사물목적어)

告诉我你的航班号。

这学期王老师**教**我们中级汉语阅读。

下课后他**问**了老师很多问题。

你能不能**借**我一点儿钱?

본문 2

(한빈이와 소영이의 문자내용)

姜韩斌 : 小莹, 你一切都好吗?

吴小莹 : 我还好, 现在在医院。

姜韩斌 : 你爸爸怎么样了?

吴小莹 : 医生说他好多了, 明天就可以出院了。

姜韩斌 : 那太好了。

吴小莹 : 不好意思, 让你担心了。

姜韩斌 : 不客气, 我们是朋友嘛。那你哪天回来?

吴小莹 : 我订了后天的机票。

姜韩斌 : 告诉我你的航班号, 我去机场接你。

吴小莹 : 不用了, 你那么忙。

姜韩斌 : 再忙我也一定去接你。"有朋自远方来…"嘛!

어휘활용과 비교

◈ 赶~

1. 赶 + 명사: 赶飞机、赶火车、赶时间、赶路、赶作业

我要**赶**下午的**飞机**回去。

我**赶时间**, 我们下次再聊吧。

2. 赶 + 형용사: 赶快、赶紧、赶忙、赶早

我们**赶快**走吧, 不然会迟到的。

妈妈两手提着好多东西, 我**赶忙**过去把东西接过来。

3. 赶 + 동사 + 목적어: 赶写(보고)、赶制(상품)

昨天晚上我**赶写**读书报告, 到两点才睡觉。

为了**赶制**这一批校服, 这个工厂最近在加班。

연습문제

01 녹음을 듣고 다음 단어에 해당하는 한자를 쓰십시오.

(1) gǎn

(2) zháojí

(3) qíguài

(4) cānjiā

(5) dānxīn

(6) dìng

02 다음 틀린 문장을 바르게 고치십시오.

(1) 我飞机票了订。

(2) 你担心让了。

(3) 爸爸的病多好了。

연습문제

03 알맞은 표현을 빈칸에 쓰십시오.

赶快，　文文静静，　才，　教

⑴ 我们 ________ 走吧，不然会迟到的。

⑵ 这学期李老师 ________ 我们中级汉语口语。

⑶ 知恩长得 ________ 的，很有气质。

⑷ 我们一定要努力学习，________ 能有好的成绩。

WORKBOOK

01 다음 대화를 듣고 맞는 표현을 쓰십시오.

(1) A : 韩斌, 你这么 ________ 的, 是要去哪儿?

B : 我要赶搭工交车。

(2) A : 听说你生病了, 现在好多了吗?

B : 好多了, 不好意思让你 ________ 了。

(3) A : 我明天回中国。

B : 是吗? ________ 我你的航班, 我送你去机场。

02 다음 표현들을 어순에 맞게 쓰십시오.

(1) 亲眼 / 我 / 才 / 看到 / 相信

____

(2) 我 / 星期二 / 了 / 订 / 火车票 / 西安 / 去 / 的

____

(3) 的 / 暖样样 / 春天 / 的 / 太阳

____

03 다음 문장을 중국어로 바꾸어 보십시오.

(1) 그는 수업 끝난 후 선생님에게 많은 질문을 했었다.

(2) 나는 오후 비행기 시간에 대어 가야 한다.

(3) 조급해 하지 마, 내가 지하철역까지 배웅해 줄게.

06

复习 복습

학 습 목 표

1 ~ 5과의 표현을 복습하기	1 ~ 5과의 문법을 복습하기

필수어휘

程序	chéngxù	명 순서, 단계
口才	kǒucái	명 말재주, 말솜씨
差错	chācuò	명 착오, 실수
好处	hǎochu	명 장점, 뛰어난 점
航班	hángbān	명 항공편
确认	quèrèn	동 확인하다
开玩笑	kāi wánxiào	동 농담하다, 놀리다
联络	liánluò	동 연락하다
羡慕	xiànmù	동 부러워하다, 흠모하다
擅长	shàncháng	동 (어떤 방면에) 뛰어나다
帮助	bāngzhù	동, 명 돕다, 원조하다, 도움
需要	xūyào	동 필요하다
赶	gǎn	동 뒤쫓다, 서두르다
轻松	qīngsōng	형 수월하다 ,부담이 없다
乐观	lèguān	형 낙관적이다
紧张	jǐnzhāng	형 긴장하다, 불안하다
镇定	zhèndìng	형 침착하다, 냉정하다
顺利	shùnlì	형 순조롭다
开朗	kāilǎng	형 명랑하다, 활동적이다
匆匆忙忙	cōngcongmángmáng	형 매우 바쁘다
着急	zháojí	형 조급해하다
也许	yěxǔ	부 어쩌면, 아마도
另外	lìngwài	부 그 밖에, 별도로
还是	háishì	부 여전히, 역시
其实	qíshí	부 사실
尽快	jǐnkuài	부 되도록 빨리
虽然	suīrán	부 비록 …하지만
应该	yīnggāi	조동 …해야 한다
但是	dànshì	접 그러나
而且	érqiě	접 게다가, 뿐만 아니라

필수표현

1. 결과표현: "动词 + 好 + 了"

迎新会的会场**准备好了**吗?
我昨天晚上**没睡好**, 现在有点儿头疼。

2. 방향표현

明天**借**一些椅子**来**, 座位不够的话可以用。
他很快就**爬上**山顶**去**了。

3. 당위표현

学生**应该**按时完成作业。
你**不应该**在教室里抽烟。

4. 판단표현 1: "看~"

看他高兴的样子, 好像是得了奖一样。
能不能去爬山, 要**看**明天的天气怎么样。

5. 판단표현 2: "看上去"

你**看上去**很镇定。
他**看上去**有四十多岁。

6. 판단표현 3: "算是"

他**算是**很聪明的人。
我觉得这不能**算是**他的错。

7. 겸어표현

社团宣传周**有**很多学生社团在招收新团员。
我**有**一个中国朋友叫李俊。

필수표현

8. 동시충족표현

你来参加的话, **既**能认识很多韩国朋友, **又**能了解韩国社会。
他妹妹**既**聪明**又**漂亮。

9. 이합동사

我跟他**见**过一次**面**。
他**帮**了我很多**忙**。

10. 방향보어의 파생의미 1: "~起来"

天气一天一天**暖和起来**了。
她一**说起**孩子**来**就没完没了。

11. 정도표현

你感冒好**一些**了吗?
能不能再便宜**一点儿**?

12. 전환표현

小莹会打乒乓球, **但是**打得不好。
他不算是很聪明, **但是**非常刻苦努力。

13. 가능표현

将来我们写毕业论文时会**用得上**。
这本书我们一个学期可能**学不完**。

14. 점층표현

他很聪明, **而且**非常刻苦努力, 当然能考上名牌大学。
她会说日语, **而且**说得像日本人一样流利。

15. 방향보어의 파생의미 2: "~起来"

这门课**听起来**不容易呀。
很多事情都是**说起来**容易**做起来**难。

16. 虽然

他**虽然**很聪明, **但是**却不努力。
虽然事情已经过去很久了, **可是**我还是记得很清楚。

17. 형용사중첩표현

高高兴兴出门去, **平平安安**回家来。
她的手**冰凉冰凉**的。

18. 제한표현

我要亲眼看到**才**相信。
只有一半以上的人赞同, 这个方案**才**能通过。

19. 인용표현

医生(对小莹)说: "**你爸爸**的病好多了。"
医生说**他**好多了。(小莹对韩斌说)

20. 이중목적어문

下课后他**问**了老师很多问题。
你能不能**借**我一点儿钱?

07

你喜欢什么类型的女孩子?

너는 어떤 스타일의 여자친구를 좋아하니?

학 습 목 표

선택제한표현	부사"只好"
목적어표현	"把"자문(처치문)
반문 및 부정표현	"什么"
'편리, 편의'의 의미	"好"

새로운 낱말

爬山 pāshān 동 등산하다

休闲 xiūxián 동 한가롭게 보내다

暖和 nuǎnhuo 형 따뜻하다

父母节 fùmǔjié 명 어버이날

教师节 jiàoshījié 명 스승의날

正式 zhèngshì 형 정식의

母亲节 mǔqīnjié 명 어머니날

流行 liúxíng 동 유행하다

庆祝 qìngzhù 동 경축하다

康乃馨 kāngnǎixīn 명 카네이션

海外 hǎiwài 명 해외

表示 biǎoshì 동 의미하다, 나타내다

把 bǎ 전 …을, …으로

背包 bēibāo 명 배낭

替 tì 전 …을 위하여, …때문에

烦恼 fánnǎo 형 걱정하다, 번뇌하다

孤单 gūdān 형 외롭다, 쓸쓸하다

새로운 낱말

帮忙	bāngmáng	동 돕다, 도움을 주다
类型	lèixíng	명 유형, 스타일
合适	héshì	형 적당하다, 알맞다
个子	gèzi	명 키
头发	tóufa	명 머리카락
善解人意	shànjiěrényì	형 사람을 잘 이해하다
嫁人	jiàrén	동 시집가다
理想	lǐxiǎng	명 이상
现实	xiànshí	명 현실
总是	zǒngshì	부 늘, 줄곧, 언제나
面对	miànduì	동 마주보다, 대면하다
降低	jiàngdī	동 내리다, 낮추다, 인하하다
标准	biāozhǔn	명 표준, 기준
可	kě	부 강한 어기를 나타냄
找	zhǎo	동 찾다
交朋友	jiāopéngyǒu	동 친구를 사귀다
缘分	yuánfèn	명 인연, 연분

표현 익히기

주요 표현을 함께 만들어 보아요.

1 등산하러 온 사람이 이렇게 많은 지 생각도 못했어.

______ 来爬山的人这么多。

Méixiǎngdào

2 등산하는 사람들이 많아지기 시작했어.

爬山的人就 ______ 了。

duōqǐlái

3 나는 내년에 졸업합니다.

我明年就 ______ 毕业 ______ 。

yào　　le

4 예쁜 여자아이는 흔하지만, 이해심이 많은 사람은 찾기 어렵다.

漂亮女孩儿 ______ ，善解人意的 ______ 不容易找。

duōdeshì　　kě

주요표현과 문법 1

1. 선택제한표현: "只好"

"只好"는 부사로 방법이 없거나 다른 선택이 없음을 나타낸다.

我们留学海外的**只好**打电话回家表示祝贺。

面对现实, 我**只好**降低一下标准。

外面下大雨, 我们去爬山的计划**只好**取消了。

公车和地铁都没有了, 我们**只好**打车回宿舍。

2. "把"자문

일반적인 중국어 주술문은 목적어가 동사술어 뒤에 위치한다. 하지만 把자문는 "把"를 이용하여 목적어를 동사술어 앞에 놓게 한다. 把자문의 역할은 앞에 놓은 목적어를 강조하거나 또는 목적어로 하여금 어떠한 영향이나 변화를 보이거나 어떠한 상태에 놓여있음을 강조하는 것이다. 보통 동사 뒤의 보어부분에 이러한 영향이나 변화를 서술한다.

那**把**你的背包给我, 我替你背。

姜韩斌**把**小莹送到机场后才回来。

请**把**你的名字和电话号码写在这里。

我要赶快**把**这个好消息告诉父母。

你**把**这件事儿想得太简单了。

请不要**把**食物带进教室里。

본문 1

(중간고사 후 네 명의 친구들이 등산을 가는데....)

李　俊 : 没想到来爬山的人这么多。

姜韩斌 : 第一是因为韩国山多, 爬山是常见的休闲运动。第二是因为五月天气暖和了, 而且节假日又多, 爬山的人就多起来了。

金知恩 : 5月5日是儿童节, 5月8日是父母节, 5月15日是教师节。我小时候就很喜欢五月。

姜韩斌 : 我知道中国的儿童节是6月1日, 父母节是哪天呢?

吴小莹 : 中国没有父母节, 教师节是9月10日。

李　俊 : 虽然没有正式的父母节, 不过近几年流行庆祝母亲节。在五月的第二个星期日, 年轻人给母亲送康乃馨表示祝贺。

吴小莹 : 我们留学海外的只好打电话回家表示祝贺。

姜韩斌 : 小莹, 你要不要坐下来休息一下?

吴小莹 : 我还好, 不用休息。

姜韩斌 : 那把你的背包给我, 我替你背。

吴小莹 : 谢谢你。

주요표현과 문법 2

1. 반문 혹은 부정표현: "什么"

"什么"는 반문이나 부정의 의미를 나타내며 어기를 더욱 강하게 한다.

现在着**什么**急呀。("조급할 필요가 없음"을 나타냄)

这个问题很容易解决, 有**什么**烦恼的? ("이 문제로 고민할 필요가 없음"을 나타냄)

这点儿小事, 你哭**什么**。("너 왜울어?"라고 반문)

这有什么奇怪的? ("이상하지 않음"을 나타냄)

2. '편리, 편의'의 의미: "好"

"好"는 복문의 뒷 문장에 쓰여 '~하기 쉽다', '~하기 편리하다'라는 의미를 나타낸다. 앞 문장에 제시된 어떠한 상황이 있어야만 뒷 문장의 상황이 비로소 쉽게 행해진다는 의미를 나타낸다.

说一说你喜欢什么类型的女孩子, 我**好**给你介绍合适的女孩子。

你别忘了带上相机, 我们**好**在公园照相。

找一个阴凉的地方, 大家**好**坐下来休息一下。

你帮我拿一下东西, 我**好**找钥匙开门。

본문 2

李　俊 : 蓝天白云, 这么好的山色, 跟好朋友在一起, 哈哈!
什么烦恼都忘掉了。

姜韩斌 : 你有什么烦恼吗?

李　俊 : 我明年就要毕业了, 不知道能不能找到工作。

金知恩 : 那是明年的烦恼, 现在着什么急呀。

李　俊 : 现在呢, 我没有女朋友, 很孤单呀!

金知恩 : 你找工作我帮不了什么忙。
不过, 说一说你喜欢什么类型的女孩子, 我好给你介绍合适的女孩子。

李　俊 : 我喜欢高个子、长头发、长得漂亮的女生。
还要聪明、善解人意。

姜韩斌 : 这么的好女孩子早就有男朋友了, 或者已经嫁人了。

李　俊 : 其实那是我的理想, 现实总是和理想不一样。
面对现实, 我只好降低一下标准。
长得不难看就行, 但是要善解人意。

姜韩斌 : 漂亮女孩儿多的是, 善解人意的可不容易找。

李　俊 : 看来是没希望了。

金知恩 : 你不着急的话, 我帮你慢慢儿找。

李　俊 : 我着急呀。

姜韩斌 : 交朋友要看缘分, 着急也没用!

어휘활용과 비교

◈ 着急, 匆忙, 急忙

— "着急"는 심리활동을 나타내는 동사로, '마음이 조급하다', '사람을 조급하게 하다'라는 의미를 가진다. 하지만 중첩형식은 없다.

找工作是明年的事儿, 现在**着**什么**急**。

金知恩很晚还没回家, 妈妈心里很**着急**。

妈妈说: "知恩这么晚了还没回家, 真让人**着急**!"

— "匆忙"과 "急忙"은 같은 의미의 형용사로, 행동이 조급한 상태를 나타내며, 또 다른 동작을 수식한다. AABB 중첩형식을 가진다.

你这么**匆匆忙忙**的, 是要去哪儿?

他接了一个电话就**急急忙忙**地走了, 不知道发生了什么事儿。

연습문제

01 녹음을 듣고 다음 단어에 해당하는 한자를 쓰십시오.

(1) páshān

(2) liúxíng

(3) hǎiwài

(4) fánnǎo

(5) lèixíng

(6) lǐxiǎng

02 다음 틀린 문장을 바르게 고치십시오.

(1) 你把他太坏想得了。

(2) 这本小说好看的有什么?

(3) 你拿来把书，我复习帮你。

연습문제

03 알맞은 표현을 빈칸에 쓰십시오.

把, 只好, 没想到, 好

(1) 你把书放下, ________ 洗手吃饭。

(2) 你 ________ 信给我, 我帮你给她。

(3) 妈妈不让去, 我们 ________ 回来了。

(4) ________ 他这么爱学习。

WORKBOOK

01 다음 대화를 듣고 맞는 표현을 쓰십시오.

(1) A : ________ 你的包给我, 我帮你拿。

B : 不用, 谢谢。

(2) A : 你不 ________ 的话, 我明天给你吧。

B : 不行, 我今天晚上要用。

(3) A : 快吃, 我们 ________ 出发。

B : 好了, 吃完了。

02 다음 표현들을 어순에 맞게 쓰십시오.

(1) 我要 / 这个消息 / 把 / 告诉她

____

(2) 现实 / 不一样 / 和理想 / 总是

____

(3) 没想到 / 年轻人 / 喜欢爬山的 / 这么多

____

03 다음 문장을 중국어로 바꾸어 보십시오.

(1) 친구들이 시간이 없어서 할 수 없이 혼자 갔어요.

(2) 어떤 영화를 좋아해요?

(3) 급해도 소용이 없다.

08

我应该怎么向她表白?

나는 그녀에게 어떻게 고백해야 할까?

학습목표

방향보어의 파생의미 3	"~出来"
피동표현	"被"자문(처치문)
시기표현	"以前，以后"
대상표현	전치사 "向、对、跟、和"

새로운 낱말

商量	shāngliang	동 상의하다, 논의하다
出主意	chū zhǔyì	동 방법을 생각해내다
向	xiàng	전 …(으)로, …에게
表白	biǎobái	동 나타내다, 고백하다
直接	zhíjiē	부 직접적인
被	bèi	전 …에 의해
拒绝	jùjué	동 거절하다, 거부하다
心理	xīnlǐ	명 심리
以后	yǐhòu	명 이후
以前	yǐqián	명 이전
想法	xiǎngfa	명 생각, 의견
改变	gǎibiàn	동 변하다, 바뀌다
将来	jiānglái	명 장래, 미래
天南海北	tiānnánhǎiběi	아득히 멀리 떨어져 있다
距离	jùlí	명 거리

새로운 낱말

更	gèng	부 더욱, 훨씬
重要	zhòngyào	형 중요하다
保证	bǎozhèng	동 보증하다
对	duì	전 …에게, …에 대하여
说谎	shuōhuǎng	동 거짓말하다
珍惜	zhēnxī	동 아끼다, 소중히 여기다
眼	yǎn	명 눈
明白	míngbái	동 알다, 이해하다

표현 익히기

주요 표현을 함께 만들어 보아요.

1 그녀에게 어떻게 고백해야 되는지 나에게 좋은 아이디어 하나만 줘.

那你 ______ 我出个主意，______ 怎么向她表白。

bāng　　yīnggāi

2 네가 그녀와 만날 약속을 해서 직접 얘기해도 좋아.

你可以 ______ 她见面，直接告诉她。

yuē

3 우리는 반년 넘게 알고 지냈어.

我们认识 ______ 。

bànniánduōle

4 이틀 뒤에 너에게 전화할게.

______ 两天我给你打电话。

Guò

주요표현과 문법 1

1. 방향보어의 파생의미 3: "~出来"

"出来"가 방향보어가 되면 동작이 안에서 밖으로 점차 화자를 향함을 나타낸다. "出去"는 반대이다. 여기서 파생되어 추상적인 의미의 내면에서 표면으로, 무에서 유로 향함을 나타낸다.

我看**出来**了, 你喜欢小莹。

她的变化太大, 很难认**出来**她以前的样子。

把你的想法说**出来**给大家听听。

他终于想**出来**了一个好办法。

2. 피동표현: "被"자문

피동문은 행위객체가 주어가 되는 문형으로 행위객체와 피동의 의미를 강조한다. 피동문은 전치사 "被"를 이용하여 행위주체를 이끌어 낸다.

也许你会**被**(小莹)拒绝。

我们**被**他的故事感动了。

我的书**被**他弄丢了。

在中国助人为乐的人**被**称做是"雷锋"。

본문 1

金知恩 : 你电话里说有事儿要跟我商量, 是什么事儿?

姜韩斌 : 我很喜欢吴小莹。

金知恩 : 我看出来了。

姜韩斌 : 真的? 那你帮我出个主意, 应该怎么向她表白。

金知恩 : 小莹是个好女孩, 文文静静的, 也许你们很合适。

姜韩斌 : 我也是这样想的。

金知恩 : 你可以约她见面, 直接告诉她。不过……

姜韩斌 : 不过什么?

金知恩 : 也许你会被拒绝, 你要有心理准备。

姜韩斌 : 好的。

주요표현과 문법 2

1. 시기의 표현: “以前、以后”

(1) 독립된 명사로 사용될 때: 과거와 미래의 시간을 나타낸다. “现在”, “将来”, “昨天” 등의 법과 같다.

以前我觉得自己将来可能在天南海北, **现在**我想毕业后回上海找工作, 可是**以后**你会在韩国……

这是我**以前**买的一件衣服, 有点儿过时了。

希望**以后**不要再发生这样的事情。

(2) 어떠한 시점이나 동작 + “以前”과 “以后”: 시점이나 동작의 이전이나 이후의 시간을 나타낸다. “前”이나 “后”, “之前”이나 “之后”의 용법과 동일하다. 단, “之前”과 “之后”는 서면어의 성격이 강하다.

毕业**(以)后**吴小莹想回上海找工作。

上次我爸爸生病**(以)后**, 我的想法改变了。

认识小莹**(以)前**姜韩斌有过一个女朋友。

中午12点**(以)前**我有课, 不能接电话。

下课**(以)后**我再给你回电话。

2. 대상표현: 向、对、跟、和、给

"向、对、跟、和、给"는 모두 동작이 가리키거나 혹은 관계된 대상을 나타낸다. 하지만 구체적인 의미는 약간의 차이가 있기 때문에 주의해서 구별하여야 한다.

(1) "向과 对"는 전치사로 동작의 대상을 나타낸다. (A对B, A向B)

你说我应该怎么**向**她表白呢? (or **对**她表白)

如果现在我**向你**保证将来会怎么样, 那是**对你**说谎。(or **对**你保证、**向**你说谎)

王老师**对**学生非常亲切。

(모종의 태도로써 상대를 대함을 나타낼 때는 "对"만 사용한다.)

(2) "跟과 和"는 접속사로 동작을 함께 수반하는 대상을 나타낸다. (A和B或B和A)

서로 호환가능하며, 부사 **一起**와 함께 사용가능하다. "跟"이 "和"보다 좀 더 구어의 성격이 강하다.

你电话里说有事儿要**跟**我商量, 是什么事儿? (or **和**我商量)

周末我要**跟**妈妈一起去买衣服。(or **和**妈妈一起)

韩国**和**中国建交二十多年了。

(3) 전치사 "给" 역시 대상을 나타낸다. (A给B)

하지만 "给"는 수여나 전달의 의미를 포함하고 있기 때문에 "打电话、买/送东西、介绍" 등의 동작의 대상을 나타낼 때는 "给"만 사용할 수 있으며 다른 전치사로 대체할 수 없다.

过两天我**给**你打电话。

这是朋友送**给**我的生日礼物。

我**给**你介绍一个中国朋友。

본문 2

姜韩斌 : 小莹, 我们认识半年多了。

吴小莹 : 对, 是去年秋天在知恩家认识的。

姜韩斌 : 小莹, 我很喜欢你。我希望你能做我的女朋友。

吴小莹 : 嗯……怎么说呢? 上次我爸爸生病以后, 我的想法改变了。

姜韩斌 : 怎么改变了?

吴小莹 : 以前我觉得自己将来可能在天南海北, 现在我想毕业后回上海找工作, 可是你以后会在韩国, 我们……

姜韩斌 : 我觉得距离不是问题, 你和我的想法更重要。

吴小莹 : 你的意思是……

姜韩斌 : 小莹, 如果现在我向你保证将来会怎么样, 那是对你说谎。不过我会非常珍惜眼前的一切, 珍惜现在的每一天。

吴小莹 : 我明白你的意思。不过, 我需要时间想一想。

姜韩斌 : 好的。

吴小莹 : 过两天我给你打电话。

姜韩斌 : 好, 我等你电话。

어휘활용과 비교

◈ 帮助, 帮, 帮忙

— "帮助"와 "帮"은 타동사로 "帮助谁做什么"처럼 뒤에 도움을 주는 대상이나 도움을 주는 상황이 직접 올 수 있다. 단음절 어휘인 "帮"과 "助"는 모두 '돕다'라는 의미로 "帮"은 단독으로 사용 가능하나 "助"는 단독으로 사용이 불가능하다. "互助、求助、助人为乐" 등과 같이 기타 어휘와 고정 결합되어야만 사용가능하다. 중첩형식은 "帮助帮助", "帮帮", "帮一帮"이며, "帮助"는 명사로도 쓰인다.

那你**帮**我出个主意。

上周末我们是**帮(助)**残障儿童, 我觉得那些残障儿童真的很需要**帮助**。

你们每个周末都去**帮**他们吗?

雷锋是中国五六十年代**助人为乐**的英雄, 所以中国人经常把**帮助**别人的人叫"雷锋"。

— "帮忙"은 자동사로 "给谁帮忙"처럼 뒤에 도움의 대상이 오지 못한다. "帮忙"은 또한 이합사로 "帮谁的忙"과 같이 "帮"과 "忙"을 서로 분리하여 나타낼 수 있다. 중첩형식은 "帮帮忙"이다. "帮"과 "帮忙"은 "帮助"에 비해 구어의 성격이 강하다.

知恩周末经常给妈妈**帮忙**做家务。

知恩周末经常**帮**妈妈的**忙**, 打扫、做饭什么的。

你找工作我**帮**不了什么**忙**。

연습문제

01 녹음을 듣고 다음 단어에 해당하는 한자를 쓰십시오.

(1) shāngliang

(2) jùjué

(3) xiǎngfa

(4) gǎibiàn

(5) zhòngyào

(6) míngbai

02 다음 틀린 문장을 바르게 고치십시오.

(1) 我怎么不知道应该表白向她。

(2) 她是女朋友我以前的。

(3) 我和你不一样想的。

연 습 문 제

03 알맞은 표현을 빈칸에 쓰십시오.

出来， 被， 给， 以后

(1) 我 ______ 他拒绝了。

(2) 看了这部电影 ______ ，我更爱我妈妈了。

(3) 我 ______ 他打完电话以后才回家。

(4) 我想 ______ 了一个好主意。

WORKBOOK

01 다음 대화를 듣고 맞는 표현을 쓰십시오.

(1) A : 把你的那本书拿 ______ 给我看看。

B : 我今天没带来。

(2) A : 明天我 ______ 你一起去学校吧。

B : 好。

(3) A : 他写 ______ 我的信被我扔了。

B : 为什么？

02 다음 표현들을 어순에 맞게 쓰십시오.

(1) 毕业 / 我想 / 以后 / 工作 / 去中国

______

(2) 我和他 / 两年 / 认识 / 了

______

(3) 我的 / 饭 / 他 / 被 / 吃了

______

03 다음 문장을 중국어로 바꾸어 보십시오.

(1) 언니가 오늘 기분이 좋지 않은 것을 나는 알아차리지 못했다.

(2) 일주일 뒤에 내가 찾아갈 게.

(3) 주말에 나를 도와줄 수 있어요?

09

他是很有责任心的人。

그는 아주 책임감이 있는 사람입니다.

학 습 목 표

인과표현	접속사"所以"
관련대상표현	"对~来说"
견해 및 주장표현	"觉得、想、看、认为、主张"
범위표현	"在~方面"

새로운 낱말

说明	shuōmíng	동 설명하다, 해석하다
坦率	tǎnshuài	형 솔직하다
准	zhǔn	형 정확하다, 틀림없다
细心周到	xìxīnzhōudào	형 자상하다
责任心	zérènxīn	명 책임감
所以	suǒyǐ	접 그래서, 그러므로
负责	fùzé	동 책임지다
服兵役	fú bīngyì	동 병역에 복무하다
努力	nǔlì	형 노력하다
道理	dàolǐ	명 도리, 이치
交往	jiāowǎng	동 왕래하다, 교제하다
同意	tóngyì	동 동의하다
全球时代	quánqiúshídài	글로벌시대
国界	guójiè	명 국경
待人接物	dàirénjiēwù	성어 사람을 대하는 태도

새로운 낱말

方面	fāngmiàn	명 방면, 분야
差别	chābié	명 차이, 차별
段	duàn	양 (한)동안, 얼마간
欣赏	xīnshǎng	동 감상하다
专家	zhuānjiā	명 전문가
谈恋爱	tán liànài	동 연애하다

표현 익히기

주요 표현을 함께 만들어 보아요.

1 그가 마음 속의 생각을 직접적으로 말할 수 있다는 것은 그가 솔직하다는 것을 증명한다.

他能 ______ 心里的想法直接 ______ ，说明他很坦率。

bǎ　　shuōchūlái

2 아마도 이것 때문에 그들이 헤어졌을 거야.

大概是 ______ 这个他们 ______ 分手了。

yīnwèi　　cái

3 현재 너의 졸업까지 2년도 넘게 남았어.

现在 ____ 你毕业还有两年多的时间。

lí

4 너는 어떻게 "연애전문가"처럼 모든 것을 다 아니?

你怎么 ____ "恋爱专家" ____ 什么都懂?

hǎoxiàng　　yíyàng

주요표현과 문법 1

1. 관련대상의 표현: "对~来说"

어떤 동작이나 상황에 관련된 대상을 나타낸다.

对恋爱的人**来说**, 快两年的时间很长。

要忘掉这件事**对**我**来说**很不容易。

对外国人**来说**, 学汉字是很不容易的事儿。

生命**对**每个人**来说**都是珍贵的。

2. 인과표현: "所以"

인과관계를 나타내는 접속사 "所以"는 결과를 나타내는 복문의 뒷 문장을 이어준다.

韩斌是很有责任心的人, **所以**我们每次去哪里玩儿都是他负责联络和准备。

他一点儿也不努力, **所以**连二流的大学都没考上。

学哪个专业非常重要, **所以**你应该认真考虑。

全球化使英语显得更重要, **所以**在亚洲各个国家英语都很热门。

본문 1

(소영이는 한빈이가 자신에게 고백했던 일을 지은이에게 말한다.)

金知恩 : 我以前就听韩斌说过, 他对你的第一印象很好。

吴小莹 : 我们是在你家认识的。

金知恩 : 你觉得他人怎么样?

吴小莹 : 他能把心里的想法直接说出来, 说明他很坦率。

金知恩 : 你看人很准嘛。

吴小莹 : 他对人也很细心周到。

金知恩 : 韩斌是很有责任心的人, 所以我们每次去哪里玩儿都是他负责联络和准备。

吴小莹 : 听你说过他以前有女朋友. .

金知恩：是。你知道的，韩国男生要服兵役。

对恋爱的人来说，快两年的时间很长。

大概是因为这个他们才分手了。

吴小莹：是这样呀。

주요표현과 문법 2

1. 견해와 주장의 표현: "觉得、想、看、认为、主张"

중국어 회화 중 견해나 주장을 나타낼 때 "觉得~"나 "想~"을 가장 많이 사용한다. "看" 역시 판단이나 생각을 나타낸다.

我**觉得**最重要是你心里喜不喜欢他。

我**觉得**韩斌的想法是对的。

我**想**你父母也会欣赏他的。

你**看**这件事儿应该怎么办。

서면어로 표현할 때에는 "认为~"나 "主张"이 주로 쓰이며, "主张"은 명사로도 쓰인다.

我**认为**贸易是促进两国关系进一步向前发展的动力。

美国**主张**用武力解决问题, 我国的**主张**与美国不同。

2. 관련범위표현: "在~方面"

韩国人和中国人**在**待人接物**方面**差别不太大。

学习、运动、交友, 他**在**这几个**方面**的能力都很强。

他**在**音乐**方面**很有天分。

二十多年来韩中两国**在**社会、经济和文化交流**方面**有了长足的发展。

본문 2

金知恩 : 我觉得最重要是你心里喜不喜欢他。

吴小莹 : 他给我的印象也很好。

金知恩 : 那就没有什么问题了吧。

吴小莹 : 可是毕业以后我要回中国……

金知恩 : 现在离你毕业还有两年多的时间呀。我觉得韩斌的想法是对的。
其实我们都不知道将来会怎么样, 所以现在的努力更重要。

吴小莹 : 你的话有道理, 不过……

金知恩 : 还有什么问题?

吴小莹 : 我和韩国男生交往, 我父母知道了可能不同意。

金知恩 : 现在都是全球时代了, 恋爱也一样, 没有国界。

吴小莹 : 话虽是那样……

金知恩 : 而且韩国人和中国人在待人接物方面差别不太大。

你们交往一段时间后, 如果你觉得他人很好, 把他介绍给你父母的话, 我想你父母也会欣赏他的。

吴小莹 : 你说得对。咦, 你怎么好像"恋爱专家"一样什么都懂?

어휘활용과 비교

◈ "印象"

명사 "印象"은 몇몇 전치사, 동사, 형용사 등과 결합하여 여러 가지 인상과 관련된 의미를 나타낸다.

관련전치사: A对B的印象 B给A的印象

관련동사: 留下印象、有／没有印象

관련형용사: 好、坏、深(刻)的

第一次见面, 吴小莹**给**姜韩斌的**印象**非常**好**。

我**对**这件事儿**没有**什么**印象**。

去年去北京旅游, 万里长城**给**我**留下**了非常**深刻的印象**。

연습문제

01 녹음을 듣고 다음 단어에 해당하는 한자를 쓰십시오.

(1) shuōmíng

(2) fùzé

(3) tóngyì

(4) nǔlì

(5) dàolǐ

(6) chābié

02 다음 틀린 문장을 바르게 고치십시오.

(1) 来说对我, 是最重要的我父母。

(2) 他画画很喜欢, 每天都画所以两个小时。

(3) 我觉得不她你适合。

연습문제

03 알맞은 표현을 빈칸에 쓰십시오.

来说，　认为，　所以，　方面

(1) 我 ______ 他不会去她家，因为他们已经分手了。

(2) 他学了十年，______ 他不想放弃。

(3) 对学汉语的人 ______，都很想去中国。

(4) 在学习 ______，我一直很努力。

WORKBOOK

01 다음 대화를 듣고 맞는 표현을 쓰십시오.

(1) A : 为什么你不太喜欢他？

B : 因为我 ______ 他在待人接物方面有问题。

(2) A : 你打算给你女朋友买什么生日礼物？

B : 对她 ______ ，我就是最好的生日礼物。

(3) A : 你喜欢什么样的人？

B : 我喜欢有 ______ 的人。

02 다음 표현들을 어순에 맞게 쓰십시오.

(1) 看人 / 不太 / 准嘛 / 你

______

(2) 不同意 / 我父母 / 我 / 服兵役 / 明年

______

(3) 这件 / 对我 / 礼物 / 来说 / 很重要

______

WORKBOOK

03 다음 문장을 중국어로 바꾸어 보십시오.

(1) 졸업할 때까지 2년이 남았어요.

(2) 중국에서는 남자들이 다 군대에 갈 필요가 없어요.

(3) 내 생각에는 그들이 헤어졌어요.

10

来韩国旅游的中国人越来越多了。

한국으로 여행 오는 중국인들이 갈수록 많아집니다.

학습목표

시도표현	"~看、~看看"
변화추세표현	"越来越~"
강조표현	"是~的"강조구문
제외표현	"除了~还~"

새로운 낱말

乐天免税店	Lètiānmiǎnshuìdiàn	고 롯데면세점
招聘	zhāopìn	동 모집하다
越来越~	yuèláiyuè~	더욱 더, 갈수록
游客/观光客	yóukè/guānguāngkè	명 여행객
印度	Yìndù	고 인도
黄金周	huángjīnzhōu	명 황금주간
休假	xiūjià	동 쉬다, 휴가를 보내다
为了	wèile	전 …을 하기 위하여
服务	fúwù	동 봉사하다, 서비스하다
消息	xiāoxī	명 소식, 뉴스
旺季	wàngjì	명 성수기
提交	tíjiāo	동 제출하다, 제안하다
简历	jiǎnlì	명 이력서, 약력
面试	miànshì	명, 동 면접, 면접보다
穿着	chuānzhuó	명 옷차림

새로운 낱말

整齐干净	zhěngqígānjìng	깔끔하다
回答	huídá	동 대답하다
经验	jīngyàn	명 경험, 체험
培训	péixùn	명, 동 양성, 양성하다, 육성하다
店规	diànguī	명 상점의 규칙
精神	jīngshén	명 정신
熟悉	shúxī	동 충분히 알다, 익숙하다
价格	jiàgé	명 가격
普通话	pǔtōnghuà	명 보통화
方言	fāngyán	명 방언
有利	yǒulì	형 유리하다, 이롭다

표현 익히기

주요 표현을 함께 만들어 보아요.

1 돌아갈지 말지 아직 생각이 끝나지 않았어요.

我还 ______ 要不要回去。

méixiǎnghǎo

2 나는 조금도 경험한 적 없어요.

我 ______ 经验 ______ 没有。

yìdiǎnr　　yě

3 이 면세점 정말 크군요.

这个免税店 ______ 大呀。

hǎo

4 중국 여행객들의 서비스를 위해 2~3주 동안 바빴어요.

______ 服务中国游客，我们 ______ 了两三个星期。

Wèile　　　máng

주요표현과 문법 1

1. 시도표현: "动作 + 看/看看"

"看"이나 "看看"은 동사 뒤에 쓰여 시험 · 시도의 의미를 나타낸다.

(1) 动作 + 看

앞에 오는 동사는 일반적으로 중첩형식(AA、A一A、ABAB)이나 "~一下"(A一下、AB一下) 형식을 사용한다.

你要不要试试**看**? (or 试一试看)
这个菜比较简单, 我来做一做**看**。(or 做做看)
还有时间, 你们再商量商量**看**。(or 商量一下看)

(2) 动作 + 看看

앞에 오는 동사는 보통 중첩형식을 사용하지 않고 "~一下"(A一下、AB一下) 형식만으로 나타낸다.

你要不要试一下**看看**?
这个菜比较简单, 我来做一下**看看**。
还有时间, 你们再商量一下**看看**。

2. 변화추세표현: "越来越~"

"越来越~"구조는 어떠한 변화의 추세를 나타낸다. 여기서 뒷부분의 변화추세는 앞부분의 상황이나 변화와 관련된다. 만약 이미 발생하였거나 발생중인 변화라면 문미에 변화를 나타내는 어기조사 了를 붙여 사용한다.

来韩国的中国游客**越来越**多了。
越来越多的韩国企业关注中国经济的发展。
刚开始他说得很慢, 后来**越**说**越**快了。
我的成绩**越**好, 妈妈就**越**高兴。

본문 1

金知恩 : 你这个暑假要回上海吗?

吴小莹 : 我还没想好要不要回去。

金知恩 : 听说最近乐天免税店在招聘, 你要不要试试看?

吴小莹 : 是暑期工作吗?

金知恩 : 是。最近来韩国旅游的中国人越来越多了, 他们需要更多的工作人员。

吴小莹 : 可是我一点儿经验也没有。

金知恩 : 我有一个朋友在免税店工作。我给你介绍一下, 她可以帮你。

吴小莹 : 太好了。那你暑假干什么呢?

金知恩 : 我要去印度一个月。

吴小莹 : 为什么去印度?

金知恩 : 是学校的海外义工活动,
今年暑假是去印度。
所以, 我最近忙着学英
语呢。

주요표현과 문법 2

1. 강조구문: "是~的"

"是~的" 구문은 어떠한 동작과 관련된 인물, 시간, 장소, 대상, 방식 등의 정보를 강조한다. 아래 예문들은 일반문과 "是~的" 구문이 전달하는 정보가 어떻게 다른지 대조한 것들이다.

① 일반구문: 知恩告诉了我你们的招聘消息。(정보: 지은, 알리다, 채용소식)
강조구문: 你们的招聘消息**是**知恩告诉我**的**。(강조되는 정보: 지은(대상))

② 일반구문: 韩斌去年秋天在知恩家认识了小莹。(정보: 한빈, 알다, 소영)
강조구문: (我们)**是**去年秋天在知恩家认识**的**。(강조되는 정보: 작년가을(시간), 지은이집에서(장소))

③ 일반구문: 我在你家认识了韩斌。(정보: 나, 알다, 한빈)
강조구문: 我们**是**在你家认识**的**。(강조되는 정보: 너의 집(장소))

④ 강조구문은 회화에서도 응용된다. 아래 밑줄친 부분은 강조되는 정보이다.

A: 我去过北京?

B: 是嘛。你**是**什么时候去**的**?

A: **是**去年夏天去**的**。

B: 你**是**一个人去**的**吗?

A: 不是, 我**是**跟几个朋友一起去**的**。

2. 제외표현: "除了~还~"

"除了A, 还B" 구문은 'A이외에 B도 있다'는 의미를 나타낸다. 보통 A는 이미 알고 있는 정보이며, B는 나타내고자 하는 정보이다.

除了普通话, 你**还**会说什么方言吗?

除了北京, 你**还**去过什么地方?

除了北京, 我**还**去过上海、西安和香港。

除了英语, 他**还**会说日语和汉语。

본문 2

(지은이는 그녀의 친구인 진아에게 소영이를 소개시켜 주고, 소영이는 진아와 롯데면세점에서 만나기로 약속했다.)

吴小莹 : 这个免税店好大呀, 客人也很多。

李珍雅 : 最近中国游客非常多。

吴小莹 : 是因为中国有五一黄金周的休假。

李珍雅 : 对, 为了服务中国游客, 我们忙了两三个星期。

吴小莹 : 你们的招聘消息是知恩告诉我的。

李珍雅 : 快到夏天的旅游旺季了。

我们要准备更多的免税商品, 也需要更多能说汉语的店员。

吴小莹 : 我昨天提交了简历, 下星期就要面试。面试的时候应该注意些什么?

李珍雅 : 穿着要整齐干净。面试的时候不要紧张, 听清楚了问题再回答。

吴小莹 : 在这方面我没什么经验。

李珍雅：没关系。对新店员我们会有两周的培训。

两周时间要学习店规、服务精神，还要尽快熟悉名牌商品、价格等。对了，除了普通话，你还会说什么方言吗？

吴小莹：我是上海人，会说上海方言。

李珍雅：是吗？最近上海观光客也不少，你能说上海话面试时会很有利。

吴小莹：那太好了。

어휘활용과 비교

◈ 招收, 招聘, 募集

招收: 어떤 학교나 조직에서 학생 · 구성원 · 직원 등을 받는 것을 가리킨다.

很多学生社团在**招收**新团员。

北京大学今年**招收**的新生比去年多。

招聘: 광고나 면접 등의 방식으로 직원을 초빙하는 것을 가리킨다.

听说最近乐天免税店在**招聘**, 你要不要试试看?

听说三星公司在**招聘**, 我想应聘。

募集: 자금이나 기금 등을 조달하는 것을 가리킨다.

发行股票是企业或公司**募集**资金的一种方式。

年末的时候有很多慈善机构在**募集**善款。

연습문제

01 녹음을 듣고 다음 단어에 해당하는 한자를 쓰십시오.

(1) zhāopìn

(2) jīngyàn

(3) xiāoxi

(4) xiūjià

(5) jiǎnlì

(6) miànshì

02 다음 틀린 문장을 바르게 고치십시오.

(1) 他的越来中国朋友越多。

(2) 除了你还想北京去哪儿玩儿？

(3) 我是才听说的去他家以后。

연습문제

03 알맞은 표현을 빈칸에 쓰십시오.

没想好，　为了，　看，　越

(1) ________ 实现理想，我一直努力学习。

(2) 你要不要尝尝 ________ ，这道菜我做了两个小时。

(3) 我 ________ 去哪家餐厅吃饭，你给我个建议吧。

(4) 知识 ________ 多越谦虚。

WORKBOOK

01 다음 대화를 듣고 맞는 표현을 쓰십시오.

(1) A : 听说三星公司现在招聘员工，我想试试 ________ 。

B : 加油，你一定行。

(2) A : 别问我，我没有 ________ 。

B : 那我问谁呢？

(3) A : ________ 吴小英，你还认识谁？

B : 韩斌和金知恩。

02 다음 표현들을 어순에 맞게 쓰십시오.

(1) 这件 / 比较 / 衣服 / 你来穿穿看 / 好看

____

(2) 她妹妹 / 漂亮了 / 越来越

____

(3) 北京烤鸭 / 我还想 / 除了 / 吃 / 臭豆腐

____

03 다음 문장을 중국어로 바꾸어 보십시오.

(1) 한국음식을 좋아하는 외국인이 갈수록 많아지고 있다.

(2) 나는 경험이 하나도 없다.

(3) 좋은 일자리가 있으면 소개해 주세요.

11

你信什么宗教?

당신은 무슨 종교를 믿나요?

학습목표

정반사표현	동의어나 반의어로 이루어진 명사들
접속표현	부사 "就"
원인을 묻는 표현	"干嘛"
(가벼운) 전환표현	부사 "只是"

새로운 낱말

恭喜	gōngxǐ	동 축하하다
指	zhǐ	동 가리키다
圣诞节	shèngdànjié	명 성탄절
喜好	xǐhào	명 취미
诚意	chéngyì	명 성의
信	xìn	동 믿다
宗教	zōngjiào	명 종교
信仰	xìnyǎng	명 신앙
耶稣	Yēsū	고 예수
诞生	dànshēng	동 탄생하다, 태어나다
基督教	jīdūjiào	명 기독교
教徒	jiàotú	명 신도
教会	jiàohuì	명 교회
佛教	fójiào	명 불교
道教	dàojiào	명 도교

새로운 낱말

传统	chuántǒng	명 전통
接受	jiēshòu	동 받아드리다, 접수하다
传教	chuánjiào	동, 명 전도하다, 선교
尤其	yóuqí	부 더욱이, 특히
沿海地区	yánhǎidìqū	연해지구
城市	chéngshì	명 도시
天主教	tiānzhǔjiào	명 천주교
圣诞卡	shèngdànkǎ	명 크리스마스카드
宾馆	bīnguǎn	명 호텔
商场	shāngchǎng	명 백화점, 쇼핑센터
农历	nónglì	명 음력
-初	–chū	접미 -초
春节	chūnjié	명 설, 춘절

표현 익히기 주요 표현을 함께 만들어 보아요.

1 나는 소영이와 어떻게 뜻 깊은 성탄절을 보낼지 생각중이야.

我 ____ 想 ____ 跟小莹 ____ 一个有意思的圣诞节。

zài zěnme guò

2 내가 너에게 한 턱 낼게.

我 ____ 你吃饭。

qǐng

3 당신은 무슨 종교를 믿나요?

你 ______ 什么宗教?

xìn

4 일부 젊은이들은 친구에게 크리스마스 카드를 보낼 거예요.

______ 年轻人会 ______ 朋友 ______ 圣诞卡。

Yǒuxiē gěi sòng

주요표현과 문법 1

1. 동의어나 반의어로 구성된 명사

몇몇 명사들은 두 개의 단음절의 동의어나 반의어로 구성되어 있다.

두 개의 동의어로 구성된 명사: 喜好、穿着、声音、语言、言论、疾病等

두 개의 반의어로 구성된 명사: 大小、长短、冷暖、好坏、死活、明暗、深浅、开关、苦乐、动静、悲欢、离合

要了解小莹的**喜好**才行。

你今天的**穿着**很正式。

这件衣服**大小**正好合适。

人有**悲欢离合**, 月有阴晴圆缺, 此事古难全。(宋 · 苏轼<水调歌头>)

2. 부사: "就"

동사 앞에서 어떠한 조건이나 상황이 시간의 단절없이 자연스럽게 바로 연결되었음을 나타낸다.

有合适的女孩子**就**会给你介绍的。

你有诚意, 我**就**有好主意。

大家都到齐后我们**就**出发。

你去了**就**会知道。

본문 1

(한빈이와 소영이는 사귀기 시작했고, 이준도 소식을 들었다.)

李　俊 : 恭喜你有女朋友了。唉, 我更孤单了。

姜韩斌 : 知恩都说了, 有合适的女孩子就会给你介绍的。

李　俊 : 那要多谢知恩了。

姜韩斌 : 你知道小莹喜欢什么吗?

李　俊 : 你指哪个方面? 你要给她买礼物吗?

姜韩斌 : 不是买礼物。

两周后就是圣诞节, 我在想怎么跟小莹过一个有意思的圣诞节。

李　俊 : 要有意思, 还要有感动, 对吧。

姜韩斌 : 对! 对! 你有什么好主意?

李　俊 : 这可不容易。要了解小莹的喜好才行。

姜韩斌 : 这就是我问你的呀!

李　俊 : 你别急! 你有诚意, 我就有好主意。

姜韩斌 : 好, 我请你吃饭, 请你看电影。

李　俊 : 算是有诚意。

주요표현과 문법 2

1. 이유를 묻는 표현: "干嘛"

"干嘛"는 여러 가지 의미를 지니고 있다.

(1) 이유를 묻는다. "为什么"보다 그 어기가 강하다.

(2) 무엇을 하는 지 묻는다.

(3) 불필요한 의미를 나타낸다.

你突然问这个**干嘛**? (이유 묻는다.를)

你**干嘛**不接我的电话? (이유 물으며, 원망의 어기를 가진다.를)

在房间里你**干嘛**戴墨镜呀。(불필요)

你在**干嘛**? ("무엇을 하는지" 묻는다.)

2. 가벼운 전환의 표현: "只是"

부사 "只是"는 두 가지 의미를 가진다.

(1) 가벼운 전환의 의미를 나타내며, "不过"와 그 의미가 비슷하다.

(2) "단지 ~일 뿐이다"의 의미를 나타낸다.

中国和韩国差不多, **只是**在韩国圣诞节是假日。

吴小莹高中时学习非常好, **只是**体育课成绩一般。

这兄弟俩长得一摸一样, **只是**哥哥个子高一点儿。

我**只是**开个玩笑而已。

본문 1

李　俊 : 你信什么宗教?

姜韩斌 : 我没有什么宗教信仰, 你突然问这个干嘛?

李　俊 : 圣诞节是什么节日?

姜韩斌 : 是庆祝耶酥诞生的节日。

李　俊 : 对呀! 我知道小莹是个基督教徒。

如果圣诞节你陪她去教会的话, 她会很感动的。

姜韩斌 : 这个意不错。不过, 中国的传统宗教不是佛教和道教吗?

李　俊 : 你说对了, 那是传统。和韩国人一样, 中国人也接受传教。

尤其是在沿海地区和大城市, 信基督教或者天主教的人不少。

姜韩斌 : 中国人怎么过圣诞节呢?

李　俊 : 在中国圣诞节不是节假日, 一般人都不过圣诞节。

有些年轻人会给朋友送圣诞卡。宾馆和商场会有一点儿圣诞气氛。

教会当然会有庆祝活动。

姜韩斌 : 那和韩国差不多, 只是在韩国圣诞节是假日,

人们可以休息一天。

李　俊 : 中国人和韩国人一样, 还是更喜欢过农历的新年。

姜韩斌 : 就是春节吧。

李　俊 : 对, 一月初我就要回家过春节了。

연습문제

01 녹음을 듣고 다음 단어에 해당하는 한자를 쓰십시오.

(1) xǐhào

(2) xìnyǎng

(3) chuántǒng

(4) dànshēng

(5) jiēshòu

(6) chéngshì

02 다음 틀린 문장을 바르게 고치십시오.

(1) 你来了会就明白。

(2) 这两家餐厅的差不多价格，远近只是不同。

(3) 如果你他的话相信，他很感动的会。

연습문제

03 알맞은 표현을 빈칸에 쓰십시오.

穿着,　只是,　干嘛,　就

(1) 你 ________ 请她吃饭？

(2) 我们老师的 ________ 很时尚。

(3) 不好好学习, ________ 不会取得好成绩。

(4) 他不是不想去, ________ 没时间。

WORKBOOK

01 다음 대화를 듣고 맞는 표현을 쓰십시오.

(1) A : 我在想给她买什么礼物。

B : 你有诚意, 她 ______ 会喜欢的。

(2) A : 小莹的 ______ 很好听。

B : 所以她很喜欢唱歌吧。

(3) A : 你假期回国吗？

B : 我很想回去, ______ 假期要打工, 不一定有时间。

02 다음 표현들을 어순에 맞게 쓰십시오.

(1) 如果 / 他的喜好 / 就 / 不知道 / 别买了

______

(2) 我 / 想 / 只是 / 一个惊喜 / 给你

______

(3) 你 / 来我家 / 如果 / 明天 / 我就 / 给你 / 做炒年糕

______

03 다음 문장을 중국어로 바꾸어 보십시오.

(1) 옷을 사려면 사이즈를 먼저 알아야 한다.

(2) 나도 너랑 같이 밥을 먹고 싶지만 그날 내가 시간이 없다.

(3) 너 왜 공부를 안하니?

12

复习 복습

학습목표

7 ~ 11과의 표현을 복습하기	7 ~ 11과의 문법을 복습하기

필수어휘

海外	hǎiwài	명 해외
类型	lèixíng	명 유형
理想	lǐxiǎng	명 이상
标准	biāozhǔn	명 표준, 기준
游客/观光客	yóukè/guānguāngkè	명 여행객
旺季	wàngjì	명 성수기
培训	péixùn	명, 동 양성, 양성하다, 육성하다
休闲	xiūxián	동 한가롭게 보내다
帮忙	bāngmáng	동 돕다, 도움을 주다
商量	shāngliang	동 상의하다, 논의하다
出主意	chū zhǔyì	동 방법을 생각해내다
拒绝	jùjué	동 거절하다, 거부하다
说谎	shuōhuǎng	동 거짓말하다
珍惜	zhēnxī	동 아끼다, 소중히 여기다
负责	fùzé	동 책임지다
欣赏	xīnshǎng	동 감상하다
招聘	zhāopìn	동 모집하다
服务	fúwù	동 봉사하다, 서비스하다
提交	tíjiāo	동 제출하다, 제안하다
熟悉	shúxī	동 충분히 알다, 분명히 이해하다
恭喜	gōngxǐ	동 축하하다
接受	jiēshòu	동 받아드리다, 접수하다
烦恼	fánnǎo	형 걱정하다, 번뇌하다
孤单	gūdān	형 외롭다, 쓸쓸하다
合适	héshì	형 적당하다, 알맞다
重要	zhòngyào	형 중요하다
坦率	tǎnshuài	형 솔직하다
细心周到	xìxīnzhōudào	형 자상하다
总是	zǒngshì	부 늘, 줄곧, 언제나
直接	zhíjiē	부 직접적인
尤其	yóuqí	부 더욱이, 특히
把	bǎ	전 …을, …으로
被	bèi	전 …에 의해
为了	wèile	전 …을 하기 위하여

필수표현

1. 선택제한표현

外面下大雨，我们去爬山的计划**只好**取消了。
公车和地铁都没有了，我们**只好**打车回宿舍。

2. "把"자문

请**把**你的名字和电话号码写在这里。
你**把**这件事儿想得太简单了。

3. 반문 혹은 부정표현

这个问题很容易解决，有**什么**烦恼的?
这点儿小事，你哭**什么**。

4.'편리 · 편의'의미: "好"

你别忘了带上相机，我们**好**在公园照相。
找一个阴凉的地方，大家**好**坐下来休息一下。

5. 방향보어의 파생의미 3: "~出来"

把你的想法说**出来**给大家听听。
他终于想**出来**了一个好办法。

6. 피동표현: "被"자문

我们**被**他的故事感动了。
在中国助人为乐的人**被**称做是"雷锋"。

7. 시기의 표현

上次我爸爸生病**(以)后**，我的想法改变了。
认识小莹**(以)前**姜韩斌有过一个女朋友。

필수표현

8. 대상표현

王老师**对**学生非常亲切。
韩国**和**中国建交二十多年了。
这是朋友送**给**我的生日礼物。

9. 관련대상의 표현

对外国人**来说**, 学汉字是很不容易的事儿。
生命**对**每个人**来说**都是珍贵的。

10. 인과표현

他一点儿也不努力, **所以**连二流的大学都没考上。
学哪个专业非常重要, **所以**你应该认真考虑。

11. 견해와 주장의 표현

我**觉得**韩斌的想法是对的。
我**认为**贸易是促进两国关系进一步向前发展的动力。

12. 관련범위표현

学习、运动、交友, 他**在**这几个**方面**的能力都很强。
二十多年来韩中两国**在**社会、经济和文化交流**方面**有了长足的发展。

13. 시도표현

这个菜比较简单, 我来做一做**看**。
这个菜比较简单, 我来做一下**看看**。

14. 변화추세표현

越来越多的韩国企业关注中国经济的发展。
刚开始他说得很慢, 后来**越**说**越**快了。

15. 강조구문: "是~的"

你们的招聘消息**是**知恩告诉我**的**。(强调的信息: 知恩)
(我们)**是**去年秋天在知恩家认识**的**。(强调的信息: 去年秋天、在知恩家)

16. 제외표현: "除了~还~"

除了北京, 我**还**去过上海、西安和香港。
除了英语, 他**还**会说日语和汉语。

17. 동의어나 반의어로 구성된 명사

你今天的**穿着**很正式。
这件衣服**大小**正好合适。

18. 접속표현: "就"

有合适的女孩子**就**会给你介绍的。
大家都到齐后我们**就**出发。

19. 이유를 묻는 표현: "干嘛"

你**干嘛**不接我的电话? (问原因, 有责怪的语气)
在房间里你**干嘛**戴墨镜呀。(不必要)

20. 가벼운 전환의 표현: "只是"

吴小莹高中时学习非常好, **只是**体育课成绩一般。
这兄弟俩长得一摸一样, **只是**哥哥个子高一点儿。